Auf die Punkte, fertig, los!

MATERIALIEN ZUR GEMEINDEARBEIT

- ☐ Kleinkinder
- ■ Kinder
- ☐ Jugendliche
- ☐ Familien
- ☐ Senioren

Die Deutsche Bibliothek – CIP-Einheitsaufnahme

Ein Titeldatensatz für diese Publikation ist bei
Der Deutschen Bibliothek erhältlich.

1. Auflage
Umschlag, Typografie und Herstellung:
Dieter Kani, Stuttgart
Umschlagzeichnungen und Illustrationen:
Dorothea Layer-Stahl
Druck und Bindearbeiten:
Wilhelm Röck, Weinsberg

ISBN 3-7797-0387-4 (Verlag Junge Gemeinde)
ISBN 3-460-25002-X (Verlag Kath. Bibelwerk)

UTE BÖGEL

Auf die Punkte, fertig, los!

40 pfiffige Spielideen für Kindergruppen und Kindergottesdienst

Verlag Junge Gemeinde

Verlag Katholisches Bibelwerk

Inhalt

E. Spiele mit allen Sinnen

F. Ratespiele

G. Gruppenspiele

Abkürzungen:

MKL Menschenkinderlieder, Beratungsstelle für Gestaltung von Gottesdiensten, Eschersheimer Landstraße 565, 60431 Frankfurt (Ev. Landeskirche in Hessen und Nassau)

LJ Liederbuch für die Jugend, Gütersloher Verlagshaus, Güteresloh

SL Schwerter Liederbuch »Singt dem Herrn«, Verlag BDKJ, Paderborn

Stichwortregister

Spiele im Kindergottesdienst und in Kindergruppen

Spiele, die für den Kindergottesdienst oder für Kindergruppen (einschließlich Schule) geeignet sind, müssen bestimmte Voraussetzungen erfüllen: Sie sollen ohne große Vorbereitung einsetzbar sein, in der Regel nicht länger als 15 Minuten dauern und weitgehend unabhängig von örtlichen Gegebenheiten (im Gemeindehaus, in der Kirche, im Klassenzimmer oder im Freien) durchführbar sein.
Die Altersspanne der Kinder, die Kindergottesdienste besuchen, beträgt gewöhnlich 4–12 Jahre. Auf dieses Alter sind die Spiele in diesem Buch zugeschnitten. Schließlich müssen die Spiele so konzipiert sein, dass sie sich ohne größeren Aufwand einer variablen Spielerzahl anpassen lassen und sowohl mit 5 wie mit 20 Personen gespielt werden können.

Spielarten in diesem Buch

Den unterschiedlichen Situationen in Gottesdienst, Kindergruppenarbeit und Schule (Grundschule) versucht dieses Buch, mit einer breiten Auswahl an Spielen gerecht zu werden. Die vorgestellten Spiele sind im Buch nach diesen Spielarten geordnet.

■ *Kennenlernspiele*

Immer wieder kommen neue Kinder zur Kindergruppe und zum Kindergottesdienst hinzu. Damit diese in der Kindergruppe heimisch werden, bieten sich von Zeit zu Zeit Kennenlernspiele an, die über das bloße »Ich heiße Sabine und bin 9 Jahre alt« hinausgehen. Auch wer schon ein alter Hase ist, wird dabei noch Neues erfahren.

■ *Bewegungs- und Geschicklichkeitsspiele*

Kinder wollen nicht nur stillsitzen, sondern sich auch bewegen. In vielen Kindergottesdiensten ist nach Eingangsliturgie, Geschichte und Gespräch bei den meisten Kindern die Luft raus. Jetzt ist dringend Bewegung angesagt.
Die Spiele unter dieser Rubrik kommen dem Bedürfnis der Kinder nach Aktion entgegen und fördern die Geschicklichkeit.

■ *Brettspiele*

Brettspiele eignen sich besonders für kleine Gruppen und bei geringem Platzangebot. Bei größeren Gruppen sollte darauf geachtet werden, dass für jeweils 6 Kinder ein Brettspiel zur Verfügung steht.

■ *Spiele mit Karten und Würfeln*

Dazu zählen: Würfelspiele, Quartettspiele, Domino oder Memory.

■ *Ratespiele*

Kinder wollen sich im Wettkampf untereinander messen. Gewinnen macht Spaß, Verlieren muss gelernt werden.

■ *Spiele zu bestimmten Themen und zum Kirchenjahr*

Kirchliche Feste wie Ostern, Erntedank und Weihnachten spielen eine wichtige Rolle im Kinderkirchenjahr, aber auch grundlegende Themen wie Vertrauen, Schöpfung oder bestimmte biblische Geschichten (Mose, Josef, Jesus ...) nehmen breiten Raum ein.
Um die Spiele, die zu bestimmten Themen oder Festen passen, finden zu können, ist Seite 6 ein Register zusammengestellt.

■ *Spiele mit allen Sinnen*

Im Spiel sollen alle Sinne der Kinder angesprochen werden. Darum finden sich unter dieser Rubrik Spiele, bei denen jeweils ein Sinn besonders gefordert ist.

— Weihnachten: Duftmemory
— Passion: Ich sehe was, was du nicht siehst
— Erntedank: Fühlkiste
— Kirchliches Leben: Haste Töne? (Geräusche raten)
— Fasching: Träume kneten

■ *Gruppenspiele*

Hier werden ein Geländespiel, ein Stadtspiel und andere größere Mannschaftsspiele vorgestellt.

Spielideen

Die meisten Spiele sind im Zusammenhang mit Schulungskursen für Kindergottesdienstmitarbeiter/innen im Haus der Kinderkirche in Beilstein, dem Lehrgangsheim des Württembergischen Evangelischen Landesverbands für Kindergottesdienst, entstanden. Manche Spielideen sind von Gesellschaftsspielen oder Fernsehquizsendungen inspiriert bzw. übernommen worden. Und dann gibt es Ideen, die liegen einfach in der Luft ...

Dieses Buch will zum Spielen im Kindergottesdienst und in der Kindergruppenarbeit ermutigen und dazu einladen, sich selbst neue Spiele auszudenken. Darum wurde grundlegenden, schnell umsetzbaren und auf andere Themen leicht übertragbaren Spielideen der Vorrang eingeräumt gegenüber spektakulären Aktionen, die einen immensen Aufwand erfordern. Wer mit Kindern zu tun hat, merkt schnell: Es sind die einfachen Dinge, die Spaß machen.
A propos Spaß: Bei vielen Spielen lernt man etwas. Sie führen auf ein Thema hin, vertiefen einen wichtigen Gedanken, stoßen ein Gespräch an. Dieses pädagogische Anliegen allein darf aber nicht Kriterium sein: Spielen soll einfach auch nur Spaß machen. Anders gesagt: Nicht jedes Bewegungsspiel muss um jeden Preis einen biblisch-kirchlichen Bezug haben!

Und so wird's gemacht ...

Vorlagen auf Karton kopieren, nach Bedarf auf DIN A 3 vergrößern. Die Spielpläne bunt anmalen. – Übrigens: Die Spiele halten länger, wenn sie auf festen Karton geklebt und mit Folie überzogen werden.

Ute Bögel

April, April!

■ *Spielbeschreibung:*

Alle in der Gruppe machen drei Aussagen über sich selbst. Nur zwei davon sind zutreffend, eine nicht. Die anderen müssen raten, was stimmt und was nicht.

■ *Spielerzahl:*

Gruppen ab 10 Personen

■ *Alter:* ab 10 Jahre

■ *Spieldauer:*

5–10 Minuten, je nach Gruppengröße

■ *Spielregel:*

Alle schreiben auf ein Blatt ihren Namen und drei Aussagen.

Beispiel:

Philipp a) Ich habe eine Tante in Australien.
b) Ich kann einen Kopfsprung vom 3-Meter-Brett machen.
c) Ich esse gerne Brausebonbons.

Reihum stellen sich die Mitspieler mit ihren Aussagen vor. Alle notieren ihren Tipp. Wer richtig geraten hat, bekommt einen Punkt. Gewonnen hat, wer am Ende die höchste Punktzahl erreicht hat.

■ *Einsatzmöglichkeit:*

Das Spiel ist interessanter, wenn sich die Gruppe untereinander schon etwas kennt, sonst wird nur geraten.

■ *Material:*

Für jeden Mitspieler ein Blatt Papier und einen Stift.

Autogrammjagd

■ *Spielbeschreibung:*

Das Spiel dient dem (besseren) Kennenlernen in der Gruppe. Alle erhalten eine Spielvorlage mit vorgegebenen Eigenschaften und Beschreibungen. Aufgabe ist es, in der Gruppe jemanden zu finden, auf den/die diese Beschreibung zutrifft, und sich ein Autogramm geben zu lassen. Gewonnen hat, wer als erster zu allen Aussagen Unterschriften gesammelt hat.
Daran schließt sich eine Präsentation ausgewählter Künste an (z.B. Handstand, Lied vorsingen ...).

■ *Spielerzahl:*

Gruppen ab 10 Personen

■ *Alter:* ab 7 Jahre (Lesealter)

■ *Spieldauer:* 5–10 Minuten

■ *Spielregel:*

Alle Mitspieler erhalten ein Unterschriftsblatt (s. Spielvorlage »Autogrammjagd«) und einen Stift. Auf ein Zeichen laufen alle im Raum umher.

■ *Einsatzmöglichkeit:*

Kennenlernen
Einstieg in Themen wie »Miteinander/Gemeinschaft«, »Unterschiedliche Begabungen«.

■ *Material:*

Spielvorlage »Autogrammjagd« (siehe rechte Seite), Stifte für alle Spieler

■ *Spielvariante:*

Ein Spieler darf höchstens zweimal auf demselben Blatt unterschreiben.

Spielvorlage »Autogrammjagd«

kann einen Handstand machen	ist schon über ein Jahr in der Kinderkirche dabei	kann gut Grimassen schneiden	besitzt mehr als 20 CD's	versteht sich gut mit Patentante oder Patenonkel	kann auf zwei Fingern pfeifen
hat den Film »Titanic« mindestens zweimal gesehen	kann ein Lied vor-singen	fährt Inliners	kann Handys nicht leiden	schreibt gerne Briefe	kann Spaziergänge nicht leiden
kann ein Papierschiff falten	hat zwei oder mehr Geschwister	surft gerne im Internet	hat in den letzten drei Monaten ein Buch gelesen	sammelt Stickers	hat im November Geburtstag
hat eine Katze als Haustier	ist Fan von Britney Spears	fährt Ski	hat Sommersprossen	hat blaue Augen	telefoniert stundenlang
isst am liebsten Spaghetti	hat Mathe als Lieblingsfach	hat einen Roller	hat sich über ein Weihnachtsgeschenk geärgert	spielt ein Instrument	kann ganz schön dickköpfig sein
spielt in einer Fußballmannschaft	war schon mal in Frankreich	hat ein Kuscheltier	kennt eine biblische Geschichte, in der ein Tier vorkommt	kann ein Gedicht auswendig	kann mit den Ohren wackeln

Nimm zwei ... und gib eins weiter

■ *Spielbeschreibung:*

Auf dem Tisch stehen 24 umgedrehte Plastikbecher. Unter jeweils zwei Tassen ist dieselbe Süßigkeit (oder ein kleines Geschenk) versteckt. Reihum wird aufgedeckt. Wer zwei gleiche Süßigkeiten aufgedeckt hat, darf eine davon für sich behalten, die andere darf er jemandem aus der Gruppe weiter schenken.
Wer eine Süßigkeit geschenkt bekommt, würfelt mit dem Fragewürfel und beantwortet die Frage, die er gewürfelt hat. (Weitere Möglichkeiten mit dem Fragewürfel zu spielen, werden S. 38 vorgestellt.)

Beispiele für Fragen:

- — Was tust du am liebsten?
- — Was war dein schönstes Geburtstags-/Weihnachtsgeschenk?
- — Was kannst du überhaupt nicht leiden?
- — Wen würdest du gerne zu uns an den Tisch einladen?
- — Wenn du ein Tier wärst, was würdest du gerne sein?
- — Erzähle, wie es bei dir zu Hause aussieht!

Das Spiel kombiniert das klassische Zuordnungsspiel Memory (Spannung) mit dem Kennenlernen in der Gruppe (Neugier). Zugleich erleben die Spieler(innen), dass sie selbst andere beschenken können bzw. von anderen beschenkt werden (Freude). Erfahrungsgemäß achten die Kinder sehr darauf, dass keiner der Mitspieler ganz leer ausgeht. Das Spiel fördert so das Miteinander in der Gruppe.

■ *Spielerzahl:*

Gruppen von 6–8 Personen

■ *Alter:*

Eignet sich gut auch für altersgemischte Gruppen ab 4 Jahren

■ *Spieldauer:* 10–15 Minuten

■ *Spielregel:*

Findet der erste Spieler/die erste Spielerin keine zwei gleichen Süßigkeiten oder Geschenke unter den beiden Bechern, die er/sie aufdeckt, ist der nächste Spieler/die nächste Spielerin an der Reihe. Gewürfelt wird erst, wenn ein Gegenstand unter dem Becher weiter geschenkt wurde.

■ *Einsatzmöglichkeit:*

Einstimmung ins Thema »Teilen«, »Freunde«, geeignet für einen Kinderkirchnachmittag, einen Kinderbibeltag u.ä. (auch mit Eltern).

■ *Material:*

Süßigkeiten (oder kleine Geschenke: Murmel, Luftballon, Radiergummi ...), 24 Plastikbecher, Fragewürfel aus Tonkarton (Vorlage siehe rechte Seite).

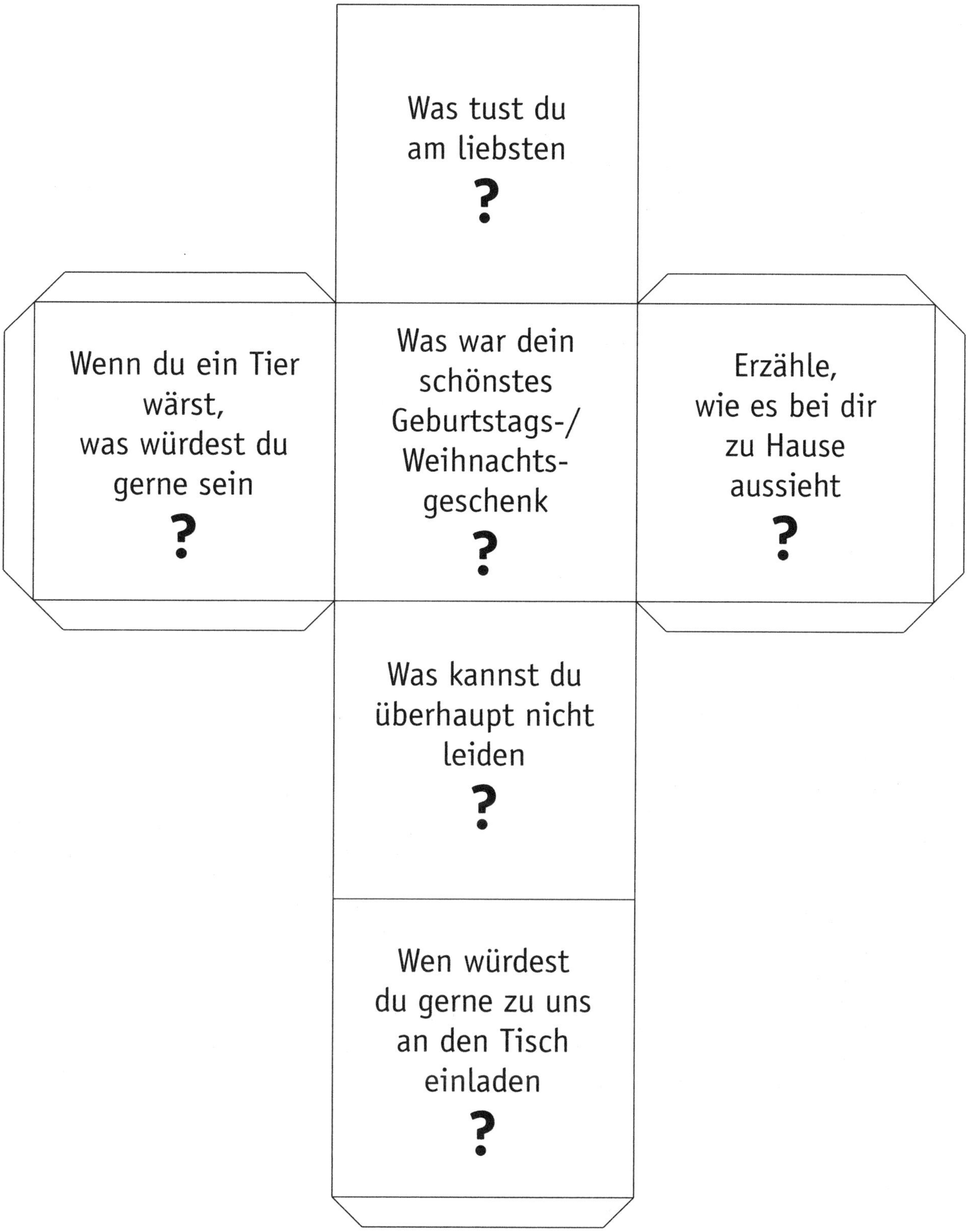
Was tust du am liebsten ?
Wenn du ein Tier wärst, was würdest du gerne sein ?
Was war dein schönstes Geburtstags-/ Weihnachts-geschenk ?
Erzähle, wie es bei dir zu Hause aussieht ?
Was kannst du überhaupt nicht leiden ?
Wen würdest du gerne zu uns an den Tisch einladen ?

Drachenfest

■ *Spielbeschreibung:*

An sechs verschiedenen Stationen, bzw. in sechs Spieletappen, lernen sich die Mitspieler in Kleingruppen besser kennen. Dabei entsteht als kreatives Gemeinschaftswerk aller Kleingruppen ein Gruppendrachen. Dieser kann später den Gemeinschaftsraum schmücken.

■ *Spielerzahl:*

Gruppen ab 15 Personen (5–6 Personen in einem Spielteam)

■ *Alter:* ab 10 Jahre

■ *Spieldauer:* 20–30 Minuten

■ *Spielregel:*

Das Spiel besteht aus einer Abfolge von verschiedenen Einzelspielen, die je nach Raumsituation auch auf verschiedene Stationen verteilt werden können.

■ *Einsatzmöglichkeit:*

Das Spiel ist gerade für Gruppen geeignet, die sich noch nicht so gut kennen. Da bei den einzelnen Aufgaben unterschiedliche Begabungen gefragt sind (kreatives Gestalten, Denksport ...), können sich alle in unterschiedlicher Weise einbringen.

■ *Spielstationen und Materialien je Kleingruppe:*

1. Drachen basteln

Jede Kleingruppe schneidet sich aus Ton- oder Plakatkarton (Größe DIN A 1) einen Drachenrumpf in beliebiger Form. Als Schwanz werden bunte Wollfäden oder eine Kordel befestigt.

▷ *Ton- oder Plakatkarton (DIN A 1), Scheren, evtl. Bleistift zum Vorzeichnen, Wollfäden oder Kordel (ca. 1 m lang).*

2. Namen

Alle in der Kleingruppe malen den Umriss ihrer Hände auf buntes Papier und schreiben ihren Namen in den Umriss. Die ausgeschnittenen »Gruppenhände« werden auf den Drachen geklebt.

▷ *Buntes Papier, Buntstifte, Scheren, Klebstoff*

3. Hobbies

Alle fertigen aus Krepppapier Schleifen für den Drachenschwanz. Reihum binden alle ihre Schleifen in den Schwanz und erzählen, welches Hobby sie haben. Für jedes Hobby gibt es eine Extraschleife!

▷ *Buntes Krepppapier*

4. Drachenschwanz

Die Kleingruppe versucht, eine möglichst lange Wortkette zu bilden. Jedes Wort besteht aus zwei Teilen. Teil 2 des ersten Wortes ergibt Teil 1 des zweiten Wortes. Das erste Wort wird vorgegeben.
Beispiel: Drachen – Fest. Fest – Abend. Abend – Lied. Lied – Blatt ...

▷ *Papier, Stift*

5. Drachenlied

Die Kleingruppe dichtet ein Drachenlied auf eine bekannte Melodie (Hänschen klein, Alle meine Entchen ...). Evtl. werden einige Wörter vorgegeben.

▷ *Papier, Stift*

6. Drachendenkmal

Alle gruppieren sich zu einem Denkmal zusammen, das einen Drachen (Tier!) darstellt. Das Denkmal wird mit einer Sofortbildkamera festgehalten. Das Foto wird ebenfalls auf den Drachen geklebt.

▷ *Sofortbildkamera, Klebstoff*

▶ *Hinweis:*

Schön ist es, wenn die Gruppenergebnisse in einer abschließenden Präsentation der Gesamtgruppe vorgestellt werden, z.B. beim Drachenfest.

Kleeblatt

■ *Spielbeschreibung:*

Alle bekommen ein Teilstück verschiedener Bilder (ein Bild besteht aus 4–8 Teilen). Zunächst müssen sich die Personen zusammenfinden, die Teile des gleichen Bildes haben. Die Spieler müssen dann in der Gruppe ihr Bild zusammensetzen und gemeinsam eine Aufgabe lösen.

■ *Spielerzahl:*

Gruppen ab 10 Personen

■ *Alter:* ab 4 Jahre

■ *Spieldauer:*

5–10 Minuten, je nach Anzahl der Spieldurchgänge

■ *Spielregel:*

Alle erhalten ein Teilstück verschiedener Bilder (z.B. Postkarten in 4–8 Teile zerschneiden). Hat sich die Kleingruppe zum Gesamtbild zusammengesetzt, beantwortet sie eine zuvor gestellte Frage. Danach gibt es neue Puzzleteile und neue Spieldurchgänge.

Beispiel:
— Mein Lieblingsbuch ist ...
— Was möchte ich werden, wenn ich erwachsen bin?
— Was ich überhaupt nicht leiden kann ...

■ *Einsatzmöglichkeit:*

Kennenlernen in der Gruppe

■ *Material:*

Je Spieldurchgang ein Puzzleteil je Spieler. Je nach Alter der Kinder und Schwierigkeitsgrad der Bilder ergeben 4–8 Bildteile ein Bild.

▶ *Hinweis:*

Für die jüngeren Kinder bzw. für sehr große Gruppen ist es eine Hilfestellung, wenn die Bilder verschiedenfarbige Rückseiten haben. Dann können auch für alle gleiche Bildmotive verwendet werden.

Spielvariante:

Das Spiel kann auch zur Wiederholung einer thematischen Einheit eingesetzt werden. In diesem Fall erhalten alle dieselben Bildmotive in verschiedenen Farben. Dann zählt neben der Schnelligkeit im Zusammensetzen der Bilder auch das Wissen (altersgemäße Fragen stellen!).

Beispiel:

Bild: Jona im Walfisch
Fragen: Wie heißt der Mensch? Was ist er? (Jona, Prophet)

Bild: Arche Noah mit Tierpaaren
Frage: Wie viele Tierpaare seht ihr?

Bild: Frau mit verlorenem Groschen
Fragen: Worum geht es in der Geschichte? Kennt ihr andere Geschichten, die vom Verlieren und Finden erzählen? (Verlorenes Schaf, Verlorener Sohn) Alternativ: andere Gleichnisse (Senfkorn, Sauerteig ...)

Komm, bau ein Haus ...

■ *Spielbeschreibung:*

An sechs verschiedenen Stationen, bzw. in sechs Spieletappen, lernen sich die Mitspieler in Kleingruppen besser kennen. Der Schwerpunkt liegt dabei auf dem gemeinsamen Gespräch und Austausch. Nebenbei entsteht als kreatives Gemeinschaftswerk ein Haus aus Tonkarton. Dieses kann später den Gemeinschaftsraum schmücken.

■ *Spielerzahl:*

Gruppen ab 15 Personen (4–5 Personen in einem Spielteam)

■ *Alter:* ab 10 Jahre

■ *Spieldauer:* 20–30 Minuten

■ *Spielregel:*

Jede Kleingruppe erhält eine Hausvorlage aus Tonkarton als 8-teiligen Bausatz (1 x Seitenwand mit Tür, 3 x Seitenwand mit Fenstern, 2 x Blankovorlage, 2 x Dach. Kopiervorlagen S. 17–20). An jeder Station wird eines dieser Elemente gestaltet. Am Ende wird das Haus zusammengeklebt (Würfel mit Giebeldach).

1. Hausbewohner: Die einzelnen Gruppenmitglieder malen sich in die Fenster des Hauses.

2. Gruppennamen: Die Gruppe denkt sich einen originellen Gruppen- bzw. Hausnamen aus und schreibt ihn über die Haustüre (»Villa Kunterbunt, Chaos-WG, Langschläfer ...«)

3. Hobbyraum: Die Gruppenmitglieder tauschen sich über ihre Lieblingsbeschäftigungen aus und schreiben sie auf eine der Blankovorlagen (Hobbyraum!).

4. Haustier: Die Gruppe einigt sich auf ein Haustier und malt es neben die Haustür.

5. Hausschatz: Die Gruppe erhält eine Schatzkiste (beklebte Streichholzschachtel), in der ein Zettel liegt. Auf diesem notiert sie ihren »Hausschatz«. Die Schatzkiste wird später auf den Dachboden (Blankovorlage S. 17) geklebt.

6. Die einzelnen Hausteile werden folgendermaßen zusammengeklebt: Die Klebelaschen werden umgeknickt und die Hauswände untereinander verbunden. Die beiden Blankovorlagen werden als Boden und »Deckel« eingeklebt. An den so entstandenen Würfel werden nun noch die beiden Dachflächen angeklebt (siehe Vorlage Seite 20).

Natürlich lassen sich noch weitere Stationen erfinden:

— Traumurlaubsland: die Gruppe gestaltet dazu eine Mini-Ansichtskarte.
— Hausordnung: 5 Regeln für das Zusammenleben finden.
— Hausmusik: die Lieblingsgruppen der Hausbewohner ermitteln.
— Hausfahne gestalten und am Dach anbringen.

In jedem Fall sollten die Ergebnisse am Haus sichtbar gemacht werden: Briefkasten mit Ansichtskarte ankleben, Musikzimmer einrichten ...

■ *Material je Kleingruppe:*

8-teilige Hausvorlage aus Tonkarton, (mit Goldfolie) beklebte Streichholzschachtel und Notizzettel, Scheren, Klebstoff, Stifte.

▶ *Hinweis:*

Schön ist es, wenn die Gruppenergebnisse in einer abschließenden Präsentation der Gesamtgruppe vorgestellt werden, z.B. bei einem »Straßenfest«.

Grundfläche des Hauses (Blankovorlage; wird 2 x benötigt)

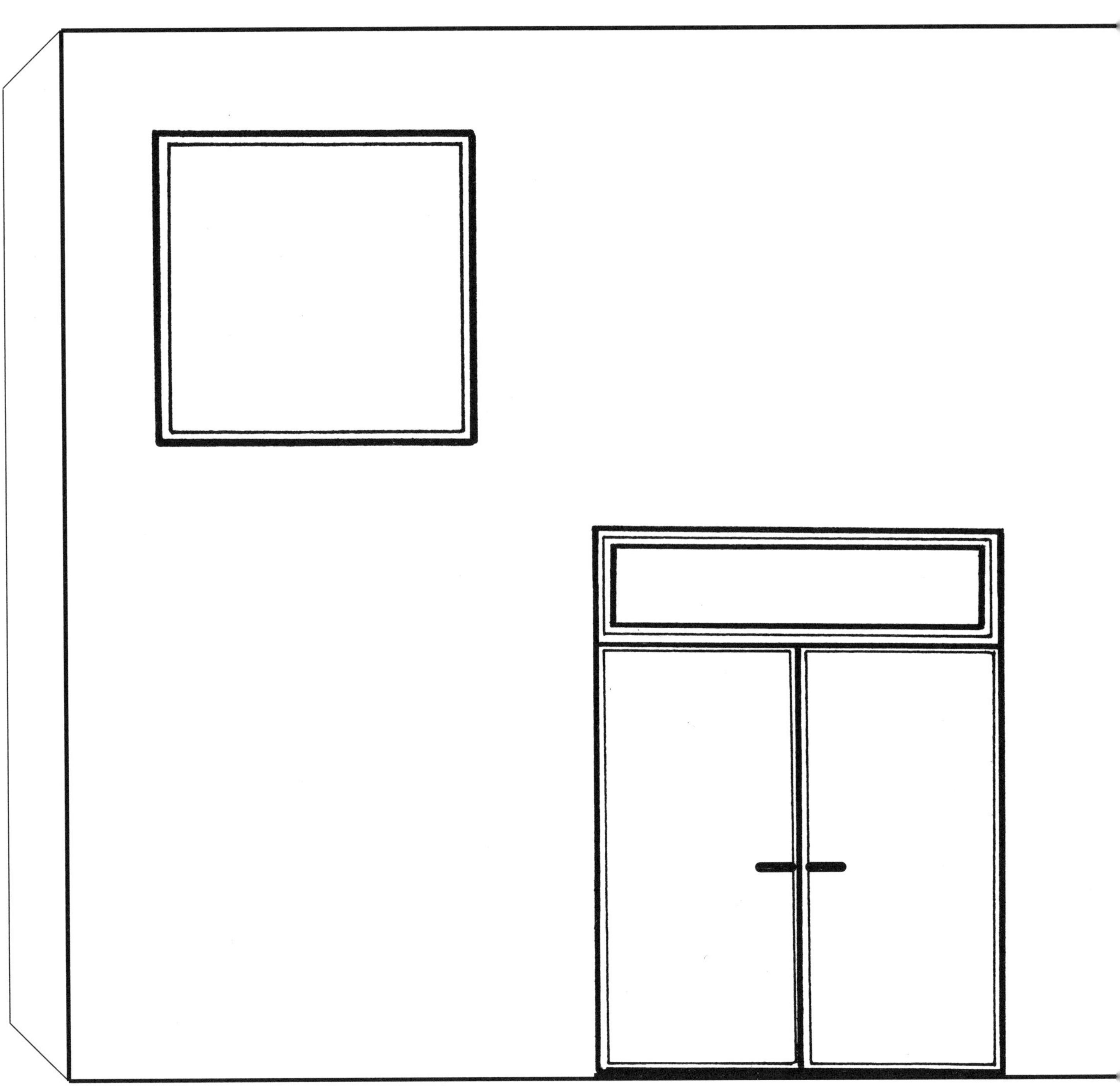

Seitenwand mit Tür (wird 1 x benötigt)

Seitenwand mit Fenstern (wird 3 x benötigt)

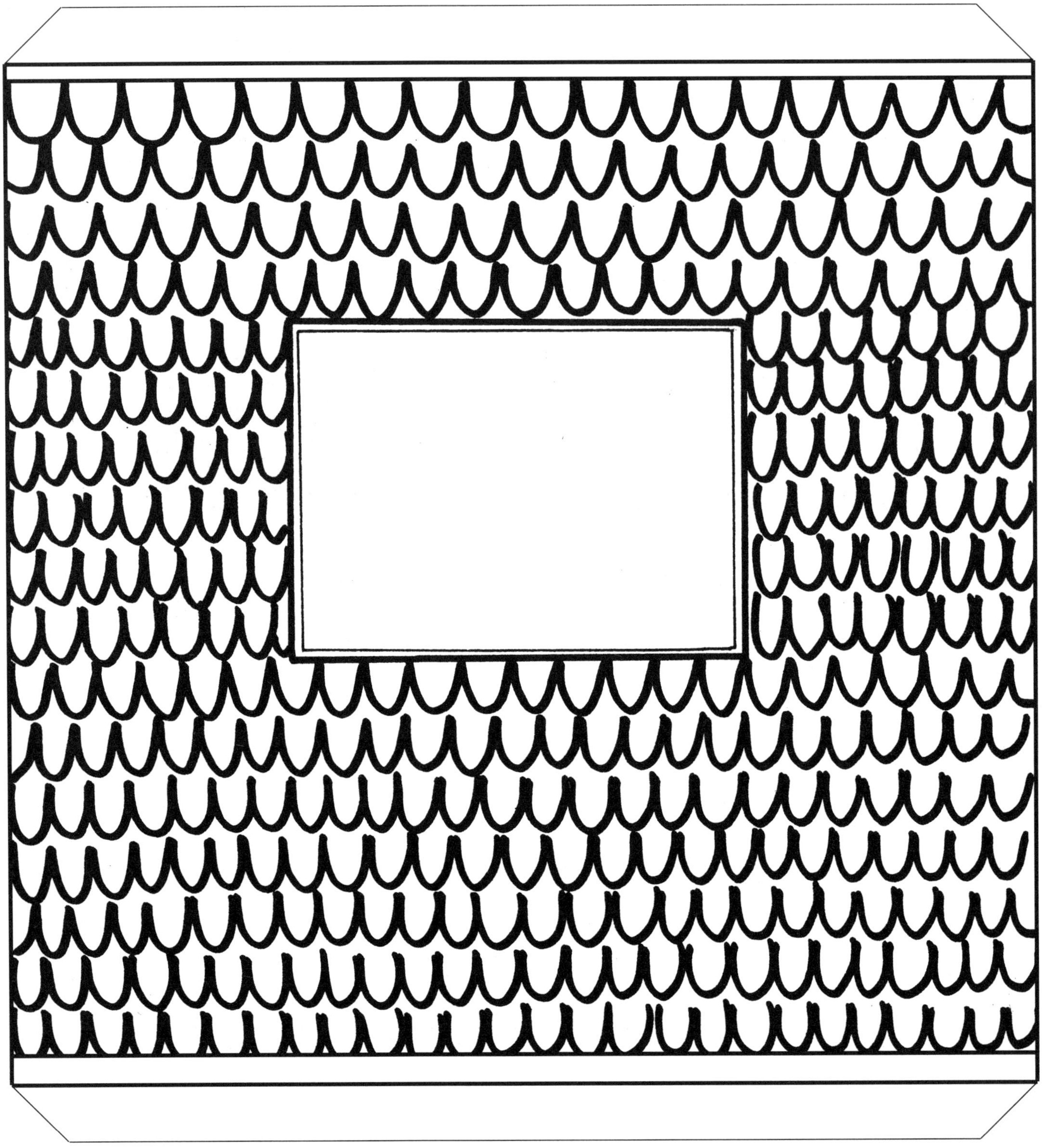

Dach (wird 2 x benötigt)

Tierische Versammlung

■ *Spielbeschreibung:*

Die Spieler überlegen sich ein typisches Merkmal, das sie mit einem Tier gemeinsam haben.

Variante a)
für Gruppen, die sich untereinander noch nicht kennen:
Die Spieler stellen sich selbst mit diesem Merkmal vor (»Ich bin Sabrina und störrisch wie ein Esel«).

Variante b)
für Gruppen, die sich untereinander schon etwas kennen:
Die Spieler schreiben ihre Merkmale auf Karten. Die Karten werden gemischt. Die Spieler raten, auf wen in der Gruppe die Beschreibung zutrifft (»flink wie ein Hase« – »eitel wie ein Pfau« – »bedächtig wie eine Schnecke« – »verschlafen wie ein Murmeltier« ...).

■ *Spielerzahl:* ab 5–10 Personen

■ *Alter:* ab 10 Jahre

■ *Spieldauer:* 5–10 Minuten

■ *Spielregel:*

Variante a)
Die Spieler stellen sich mit Namen und Merkmal vor.

Variante b)
Einer zieht eine Karte mit einem Merkmal. Rät er richtig, gibt der Erratene ein Pfand ab. Der Spieler darf weiter raten. Rät er falsch, gibt der Ratende ein Pfand ab (Halstuch, Uhr, Gürtel ...). Der nächste Spieler darf weiter raten. Die gepfändeten Dinge werden in die Mitte gelegt und müssen am Ende des Spiels eingelöst werden (z.B. Handstand machen, Rechenaufgabe lösen, Lied vorsingen ...).

■ *Material:*

Karten, Stifte

■ *Spielvariante:*

Man kann das Spiel weiterführen mit dem Ratespiel »Rucksack packen« (s. S. 67): Ich gebe eine Party und lade ein: Sabrina, die so störrisch ist wie ein Esel, Julia, die flink wie ein Hase ist ...

Atomspiel

■ *Spielbeschreibung:*

Die Spieler müssen sich auf Zuruf möglichst schnell zu einer Gruppe mit einer bestimmten Personenzahl (zu dritt, viert, fünft ...) zusammenfinden.

■ *Spielerzahl:* ab 16 Personen

■ *Alter:* ab 6 Jahre

■ *Spieldauer:* 3–5 Minuten

■ *Spielregel:*

Alle Spieler stehen im Raum verteilt. Ein Spieler/eine Spielerin ruft eine (nicht zu große!) Zahl. Alle versuchen nun, sich zu einer Gruppe mit der entsprechenden Personenzahl zusammenzuschließen. Wer übrig bleibt, darf die nächste Zahl rufen.

■ *Einsatzmöglichkeit:*

Thematischer Bezug: Geschichten, in denen sich Menschen oder Gegenstände in Gruppen zusammenfinden bzw. eingeteilt werden: Israeliten in der Wüste (»immer fünf in einem Zelt«), Volkszählung (»Dreiergruppen bilden«), Speisung der 4000/5000 (»in Vierergruppen lagern«), Erntedank (»6 Kartoffeln«).

■ *Material:*

keines, aber genügend Platz

■ *Spielvariante:*

Bei sehr großen Gruppen kann das Spiel auch nach dem K.-o.-Prinzip gespielt werden: Wer keine Gruppe bilden kann, scheidet aus. Das Spiel geht so lange, bis nur noch 2 Spieler im Spiel sind.

Schneeballschlacht

■ *Spielbeschreibung:*
Die Spieler versuchen, »Schneebälle« (= Luftballons) ins gegnerische Spielfeld zu befördern.

■ *Spielerzahl:*
Zwei Teams à 6–10 Personen

■ *Alter:*
ab 4 Jahre (auf altersgemischte Spielteams achten!)

■ *Spieldauer:* 3–5 Minuten

■ *Spielregel:*
Die beiden Teams stellen sich an einer markierten Mittellinie gegenüber (Schnur, Tesakrepp). In jedem Spielfeld liegt die gleiche Anzahl Luftballons. Auf Kommando schlagen die Spieler alle Luftballons aus ihrem Feld ins gegnerische Feld. Nach ca. zwei Minuten beendet der Spielleiter das Spiel durch ein Signal (Hupe, Trillerpfeife o.ä). Die Luftballons in den beiden Spielfeldern werden gezählt. Gewonnen hat die Mannschaft, in deren Spielfeld weniger Luftballons liegen.

■ *Einsatzmöglichkeit:*
Bei diesem Spiel geht es erfahrungsgemäß reichlich turbulent zu. Es eignet sich darum besonders für draußen oder für einen geeigneten Raum im Gemeindehaus, in dem keine Gegenstände zu Bruch gehen können.

■ *Material:*
Luftballons (2–3 je Mitspieler), Tesakrepp

Berg- und Talfahrt

■ *Spielbeschreibung:*

Zwei Spieler spielen sich auf zwei parallel laufenden Schnüren einen Tischtennisball zu. Je länger die Schnur ist und je weiter die Spieler auseinander stehen, desto schwieriger ist es, den Ball auf der Schnurbahn zu halten.

■ *Spielerzahl:*

bei entsprechendem Platz eine beliebige gerade Anzahl

■ *Alter:* ab 8 Jahre

■ *Spieldauer:* 3–5 Minuten

■ *Spielregel:*

Die beiden Spieler stehen sich gegenüber. Mit einem oder mehreren Fingern halten sie die zusammengeknotete Schnur zwischen sich gespannt, so dass sich eine Bahn aus zwei parallel liegenden Schnüren ergibt. Der Tischtennisball wird auf diese Schnurbahn gelegt. Der Ball bewegt sich von einem Spieler zum anderen, indem einer der Spieler seinen Arm nach oben, der andere nach unten hält. Wer am meisten Bahnen schafft, ohne dass der Ball herunterfällt, hat gewonnen.

■ *Einsatzmöglichkeit:*

Dieses Geschicklichkeitsspiel fördert die Konzentration und das Zusammenspiel mit dem/der Partner/in. Es wird nicht gegeneinander gespielt. Erfolgreich kann ein Partnerteam nur sein, wenn sich die beiden gut aufeinander einstellen.

■ *Material:*

Für je 2 Spieler einen Tischtennisball und eine ca. 4m lange, an den Enden zusammengeknotete Schnur.

Hände entwirren

■ *Spielbeschreibung:*

Die Spieler versuchen, ein Händegewirr aufzulösen, ohne sich dabei loszulassen.

■ *Spielerzahl:*

mindestens 8, je mehr, desto kniffliger!

■ *Alter:* ab 6 Jahre

■ *Spieldauer:* 3–5 Minuten

■ *Spielregel:*

Alle stehen eng zusammen im Kreis (Schulter an Schulter), die Hände in die Kreismitte gestreckt. Alle schließen die Augen. Auf Kommando ergreifen alle mit jeder Hand eine andere Hand. Wenn sich alle an den Händen gefasst haben, werden die Augen wieder geöffnet. Die Spieler versuchen nun, das Händeknäuel zu entwirren, ohne sich dabei loszulassen. Am Ende müssen alle wieder im Kreis gefasst stehen.

■ *Einsatzmöglichkeit:*

Das Spiel macht nicht nur großen Spaß, sondern fördert auch sehr die Kooperation. Man muss als Einzelner manchmal einige Verrenkungen und Hindernisse auf sich nehmen, wenn es der Gruppe gelingen soll, das Gewirr der Hände aufzulösen.
Es passt zu den Themen: »Miteinander in der Gruppe«, »Klein und Groß«.

■ *Spielvariante:*

Besonders Geübte können auch versuchen, das Händegewirr mit geschlossenen Augen zu entwirren. In größeren Gruppen kann es auch mit mehreren Teams gleichzeitig gespielt werden. Das Team, das als erstes seinen Knäuel entwirrt hat, ist Sieger.

Platz da!

■ *Spielbeschreibung:*

Die Spielteams versuchen, möglichst viele Leute auf einer Zeitung unterzubringen.

■ *Spielerzahl:*

2 oder mehr Teams à 6–8 Personen (Ausgewogenheit der Teams beachten: gleiche Personenzahl, Alter und Größe!)

■ *Alter:* ab 4 Jahre

■ *Spieldauer:* 3–5 Minuten

■ *Spielregel:*

Neben jedem Spielteam liegt eine Zeitung. Auf Kommando muss das ganze Team auf der Zeitung Platz finden, ohne dass einer der Spieler den (Fußboden-)Bereich außerhalb der Zeitung berührt. Dies muss 10 Sekunden lang durchgehalten werden. Dann wird die Grundfläche verkleinert (Zeitung zusammenfalten). Wer neben die Zeitung tritt, scheidet aus. Das Team, das zuletzt übrigbleibt, hat gewonnen. Akrobatik (Huckepack, auf die Schultern nehmen, Handstand ...) ist erlaubt, sofern niemand dadurch gefährdet wird.

■ *Einsatzmöglichkeit:*

Als Einstimmung in alle Geschichten, in denen Enge erlebt wird:
Arche Noah, Israeliten am Schilfmeer, Herbergssuche von Maria und Josef, Menschenmengen um Jesus: Zachäus, Heilung des Gelähmten, Bergpredigt.
Passt zu den Themen: »Miteinander in der Gruppe«, »Klein und Groß«.

■ *Material:*

Für jedes Team eine Zeitung gleicher Größe, Stoppuhr

■ *Spielvariante:*

Statt als Wettkampf der Teams gegeneinander kann die ganze Gruppe auch miteinander spielen: Wie groß muss eine Zeitung sein, damit wir alle darauf Platz finden?

Fisch-Schablone – klein
(zu Seite 27)

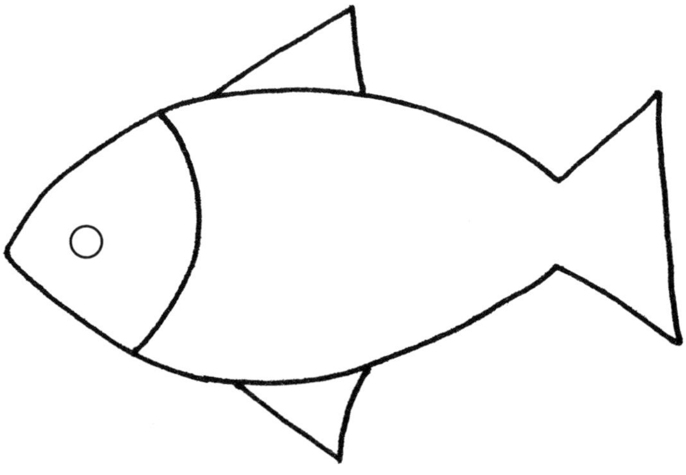

Fang dir einen!

■ *Spielbeschreibung:*
Die Spieler angeln Papierfische mit einer Angel.

■ *Spielerzahl:* 5–15 Personen

■ *Alter:* ab 5 Jahre

■ *Spieldauer:* ca. 5 Minuten

■ *Spielregel:*
Alle Kinder stellen sich um den »Fischteich« (blaues Tuch mit Papierfischen). Jedes Kind erhält eine Angel und versucht, Fische zu angeln. Wer mag, kann eine bestimmte Zeit (»5 Minuten«) oder eine Stückzahl vorgeben (»Wer hat als erster 3 Fische gefangen?«)

■ *Einsatzmöglichkeit:*
Das Spiel passt zu allen biblischen Geschichten, in denen von Fischern oder vom Fischfang die Rede ist, z.B.: Jesus beruft die Fischer Simon und Andreas zu seinen Jüngern (Matthäus 4), Fischzug des Petrus (Lukas 5).

■ *Material:*
Fische: Aus festem Tonpapier bzw. -karton einfache Fischumrisse ausschneiden und mit einem Loch versehen (Locher); in dieses eine große Büroklammer stecken, in die sich der Angelhaken einhängen kann.
Je Kind ca. 6–8 Fische
Angel: 60–80 cm langen Wollfaden an einen Schaschlikspieß binden. Aus einer Büroklammer einen Haken biegen und am Wollfaden anbringen.
Je Kind eine Angel
Blaues Tuch als »Fischteich«

■ *Spielvariante:*
Fische in verschiedenen Farben und Größen sehen nicht nur schöner aus, sondern ermöglichen Spielvarianten:
- Jedes Kind darf nur eine bestimmte Farbe oder Größe angeln.
- Jedes Kind muss drei verschiedenfarbige Fische angeln.
- Die Fische haben unterschiedliche »Werte« z.B.: gelber Fisch 1 Punkt, grüner Fisch 3 Punkte ...

▶ *Hinweis:*
Das Tuch sollte leicht gebauscht hingelegt werden, damit die Fische (und die daran befestigten Büroklammern) nicht völlig flach auf dem Boden liegen und leichter geangelt werden können. Einzelne Fische mit der Zacken- oder Wellenschere auszuschneiden, sieht besonders schön aus!

Kopiervorlage für Fische: siehe linke Seite und unten.

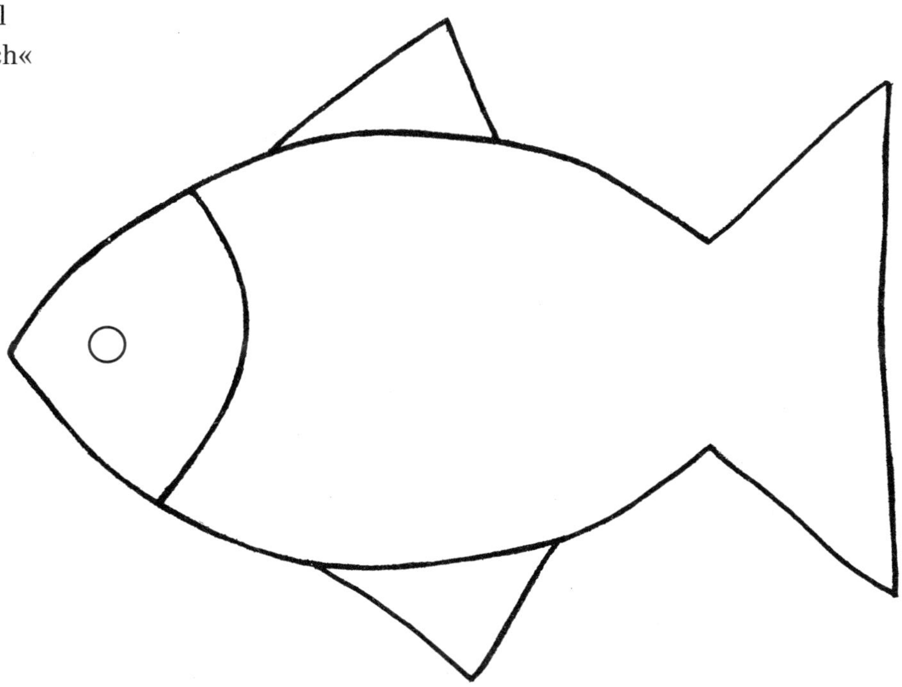

Auf dem Weg nach Jericho ...

Ein Spiel zur Geschichte vom barmherzigen Samariter

■ *Spielbeschreibung:*

Die Spieler erleben die Geschichte vom barmherzigen Samariter anhand von Bildern mit. Die Bilder sind zunächst abgedeckt und werden nach und nach gemeinsam aufgedeckt. Dabei wird die Geschichte von den Kindern nacherzählt.

■ *Spielerzahl:* 4–6 je Brettspiel

■ *Alter:* 4–6 Jahre

■ *Spieldauer:* ca. 10 Minuten

■ *Spielregel:*

Die Spieler stellen ihre Spielfiguren auf das Startfeld. Der jüngste Spieler beginnt mit einem Farbwürfel zu würfeln und stellt seine Spielfigur auf das nächste Feld der entsprechenden Farbe. Wer auf ein großes Feld kommt, darf ein Puzzleteil des nächstgelegenen Bildes aufdecken. Wer das letzte Teil eines Bildes aufdeckt, darf erzählen, was auf dem Bild dargestellt ist.
(Variation: Wer als letzter ein Bild passiert, das noch nicht vollständig aufgedeckt ist, darf alle verbleibenden Puzzleteile aufdecken und dann erzählen.)

■ *Einsatzmöglichkeit:*

Geschichte vom barmherzigen Samariter
(Lukas 10,25–37)

■ *Material:*

Spielplan (siehe letzte Umschlagseite)
Farbwürfel, 6 Spielfiguren, 5 verschiedenfarbige Karten zum Abdecken der Bilder, jeweils in 4 Teile zerschnitten.
Einen Farbwürfel gibt es bei verschiedenen gängigen Spielen. Man kann sich einen solchen Würfel aus Tonkarton aber auch selbst herstellen. Entweder nimmt man schon für jede Seite eine andere Farbe oder man malt einen entsprechenden Farbpunkt auf den Würfel (Zeichenvorlage für einen Würfel s. S. 13).

■ *Spielvariante:*

Das Spiel eignet sich zur Wiederholung vieler Geschichten. Es müssen lediglich jeweils andere Bilder ausgewählt werden. Eine Fundgrube für Bilder ist die Elementarbibel von Anneliese Pokrandt mit den (zweifarbigen und darum gut zu kopierenden) Illustrationen von Reinhard Herrmann, Verlag Ernst Kaufmann, Lahr 1998. (Die Seitenangaben in den folgenden Beispielen beziehen sich darauf.)

Es bieten sich z.B. an (jeweils 5 Bilder):

Barmherziger Samariter (S. 421–423)
Geschichte von Kain und Abel (S. 245–248)
Naboths Weinberg (S. 284–287)
Verlorener Sohn (S. 426–429)
Paulus in Damaskus (S. 542–546)

Tragt in die Welt nun ein Licht

■ *Spielbeschreibung:*

Die Spieler bringen Kerzen in die Häuser und verbreiten so Licht.

■ *Spielerzahl:* 4–6 je Brettspiel

■ *Alter:* 4–10 Jahre

■ *Spieldauer:* 10–15 Minuten

■ *Spielregel:*

Jeder Spieler/jede Spielerin hat Kerzen: entweder Spielmarken oder (nur bei größeren Kindern!) Teelichter. Reihum wird gewürfelt. Gestartet wird vom äußeren Rand an beliebiger Stelle. Kommt ein Spieler/eine Spielerin zu einem Haus mit dunklen Fenstern, darf er/sie ein Licht ins Fenster (= Fenstergruppe) stellen. Sind bereits alle Fenster erleuchtet, kann der Spieler/die Spielerin keine Kerze abgeben. Das Spiel ist zu Ende, wenn alle Häuser erleuchtet sind.

■ *Einsatzmöglichkeit:*

Advent und Weihnachten, Dreikönig

■ *Material:*

Würfel, Spielplan (Kopiervorlage S. 30), 6 Spielfiguren (»Sternsinger«), Kerzen-Spielmarken (Kopiervorlage siehe unten).

Der Spielplan kann im Baukastenprinzip durch Aneinanderreihen (seitlich sowie oben und unten) beliebig groß gestaltet werden.

Je nach Spielplangröße berechnet sich die Zahl der Kerzen-Spielmarken je Spieler:

z.B. 20 Häuser à 2 Fenster = 40 Kerzen, geteilt durch 5 Mitspieler = 8 Spielmarken je Spieler. Zur ermittelten Anzahl sind je Spieler/Spielerin zwei Marken hinzuzurechnen.

▶ *Hinweis:*

Schön ist es, wenn das Spiel von »Licht-Liedern« begleitet und umrahmt wird, z.B.:

Tragt in die Welt nun ein Licht (LJ 327/ MKL 132/SL 112)

Ein Licht geht uns auf in der Dunkelheit (LJ 344/ MKL 131)

Mir ist ein Licht aufgegangen (LJ 410)

Mache dich auf und werde Licht (LJ 451/MKL 128/SL 118)

Das Licht einer Kerze (LJ 316/SL119)

Uns ist ein Licht aufgegangen (SL 129)

■ *Spielvariante:*

Das Spiel lässt sich mit anderen Spielmarken (s. Blankovorlage unten) leicht abwandeln, z.B werden an Ostern Ostereier oder am Erntedankfest Erntekörbchen zu einsamen Menschen in die Häuser getragen. Entsprechend werden auch passende Lieder dazu gesungen.

Blankovorlage

Kerzen-Spielmarken

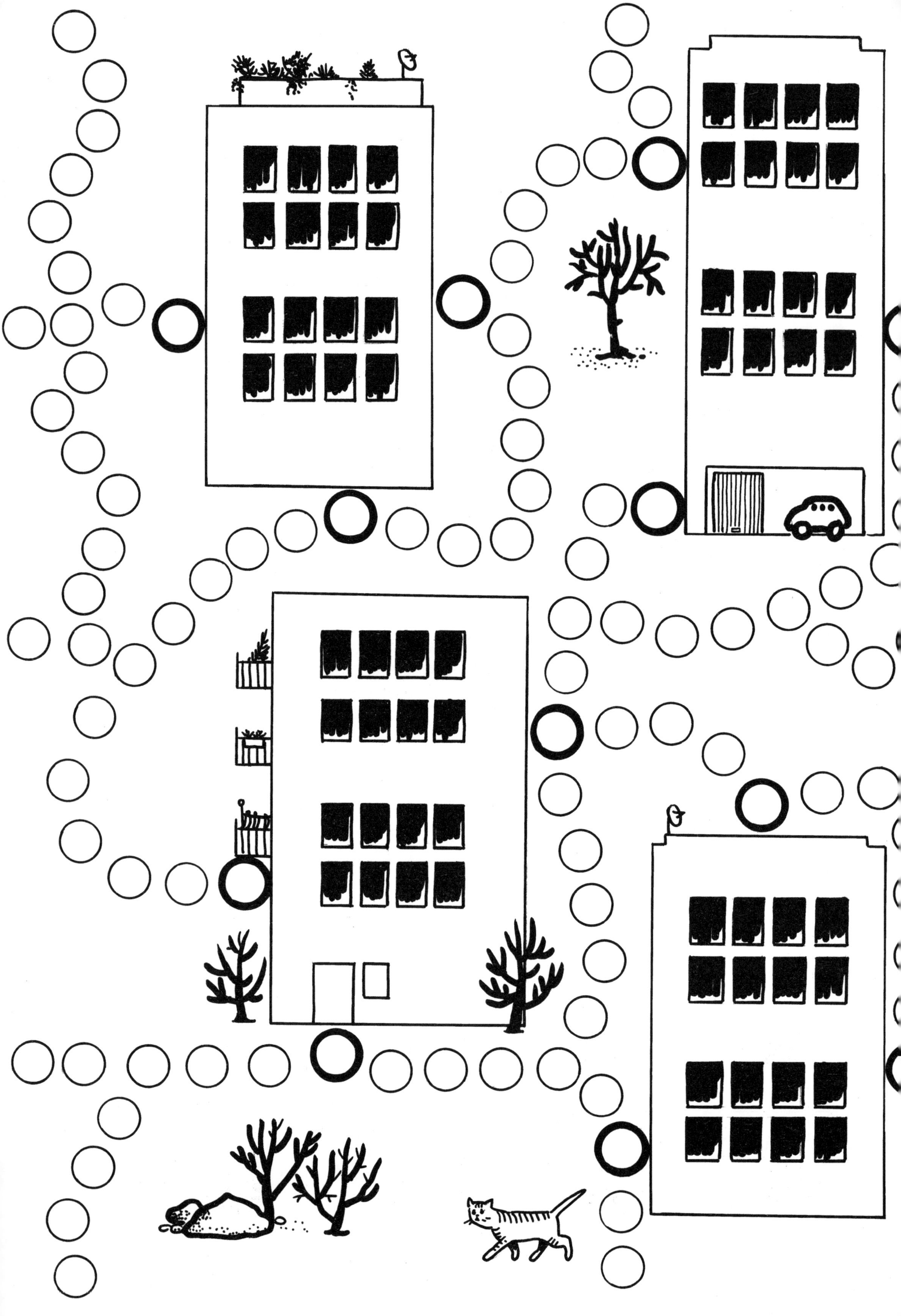

Das verlorene Schaf

■ *Spielbeschreibung:*
Aus der Schafherde haben sich mehrere Schafe verlaufen. Sie finden nicht mehr zur Herde zurück und sind ohne den Hirten verloren. Aufgabe der Hirten ist es, möglichst viele Schafe zurück zum sicheren Schafstall zu bringen.

■ *Spielerzahl:* 4–6 Personen

■ *Alter:* 4–8 Jahre

■ *Spieldauer:* 10–15 Minuten

■ *Spielregel:*
Die Schafkarten werden auf die Schaffelder verteilt. Es wird reihum gewürfelt. Die Spieler rücken jeweils in beliebiger Richtung um so viele Felder vor, wie sie gewürfelt haben. Auf einem Feld können mehrere Spielfiguren (Hirten) stehen. Wer als erster auf ein Feld mit Schaf trifft, bekommt einen Punkt (Schafkarte). Das Spiel ist zu Ende, wenn alle Hirten wieder im Schafstall angekommen sind. Gewonnen hat, wer am Ende die meisten Schafe (Schafkarten) zur Herde zurückgebracht hat.

■ *Einsatzmöglichkeit:*
Lukas 15,1–7; Psalm 23; Geschichten zu den Themen »Verloren – Gefunden« oder »Ich bin wichtig«.

■ *Material:*
Zahlenwürfel, Spielbrett (Kopiervorlage S. 32–33)
6 Spielfiguren, 20 Schafkarten

■ *Spielvariante:*
Die Spielidee lässt sich auch übertragen auf folgende Geschichten:
Manna in der Wüste (2 Mose/Exodus 16)
Israeliten sammeln Manna in Krüge. Es darf nur eine bestimmte Anzahl von Manna gesammelt werden (z.B. drei Mannakarten je Person), damit nichts übrig bleibt und verdirbt (2 Mose/Exodus 16,20). Wer zu viel sammelt, scheidet aus.
Speisung der 5000 (Lukas 9,10–17)
Viele Leute hören Jesus zu. Sie haben Hunger. Die Jünger verteilen fünf Brote und zwei Fische. Es reicht für alle. Es bleibt sogar noch Brot übrig. Damit nichts verdirbt, sammeln die Jünger die restlichen Brotbrocken ein.

Motiv (Kopiervorlage) für Spielvariante »Manna in der Wüste«

Spielkärtchen (Kopiervorlagen) für »Das verlorene Schaf« und die Spielvarianten »Manna in der Wüste« und »Speisung der Fünftausend«.

Motiv (Kopiervorlage) für Spielvariante »Speisung der Fünftausend«

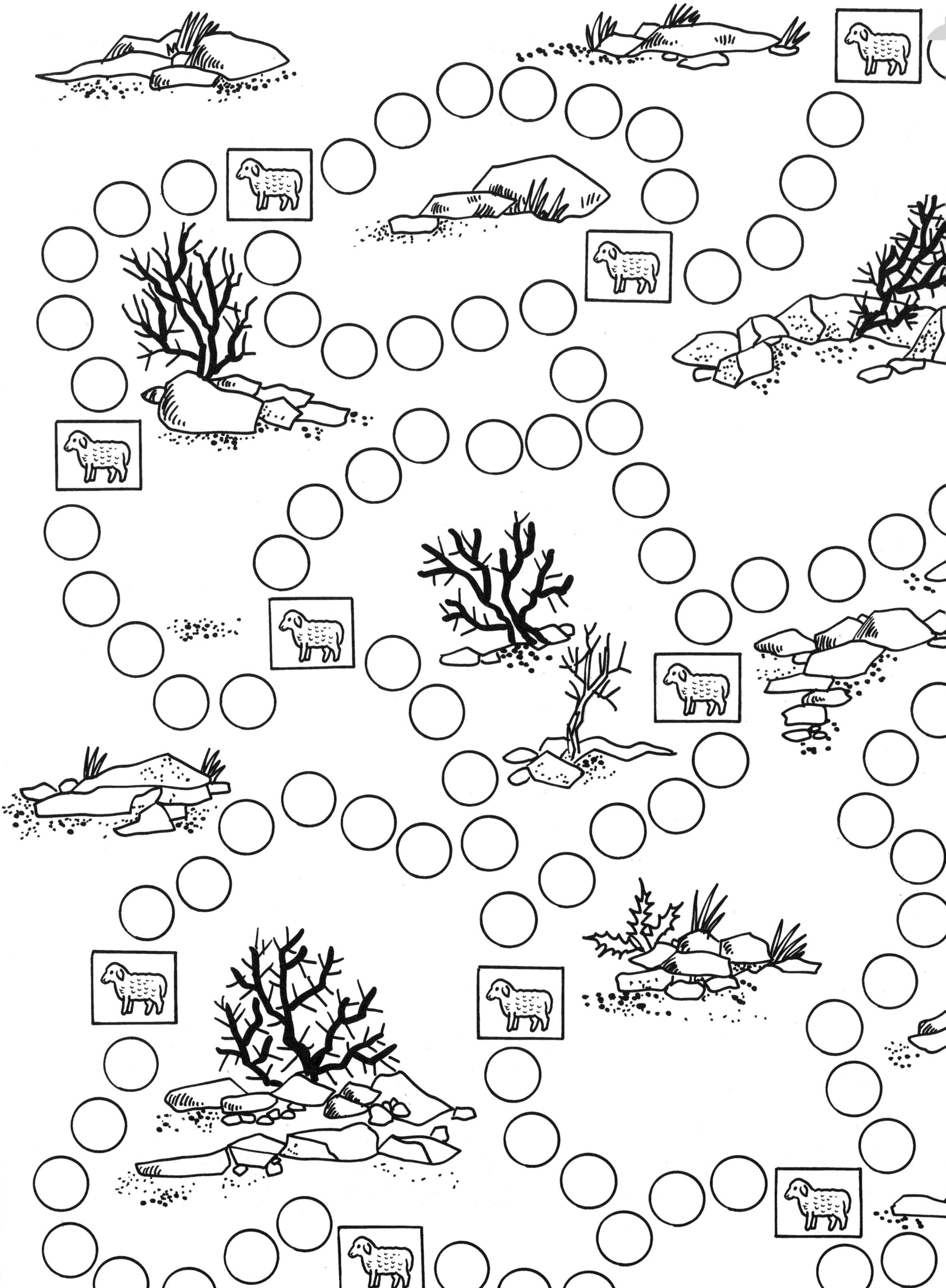

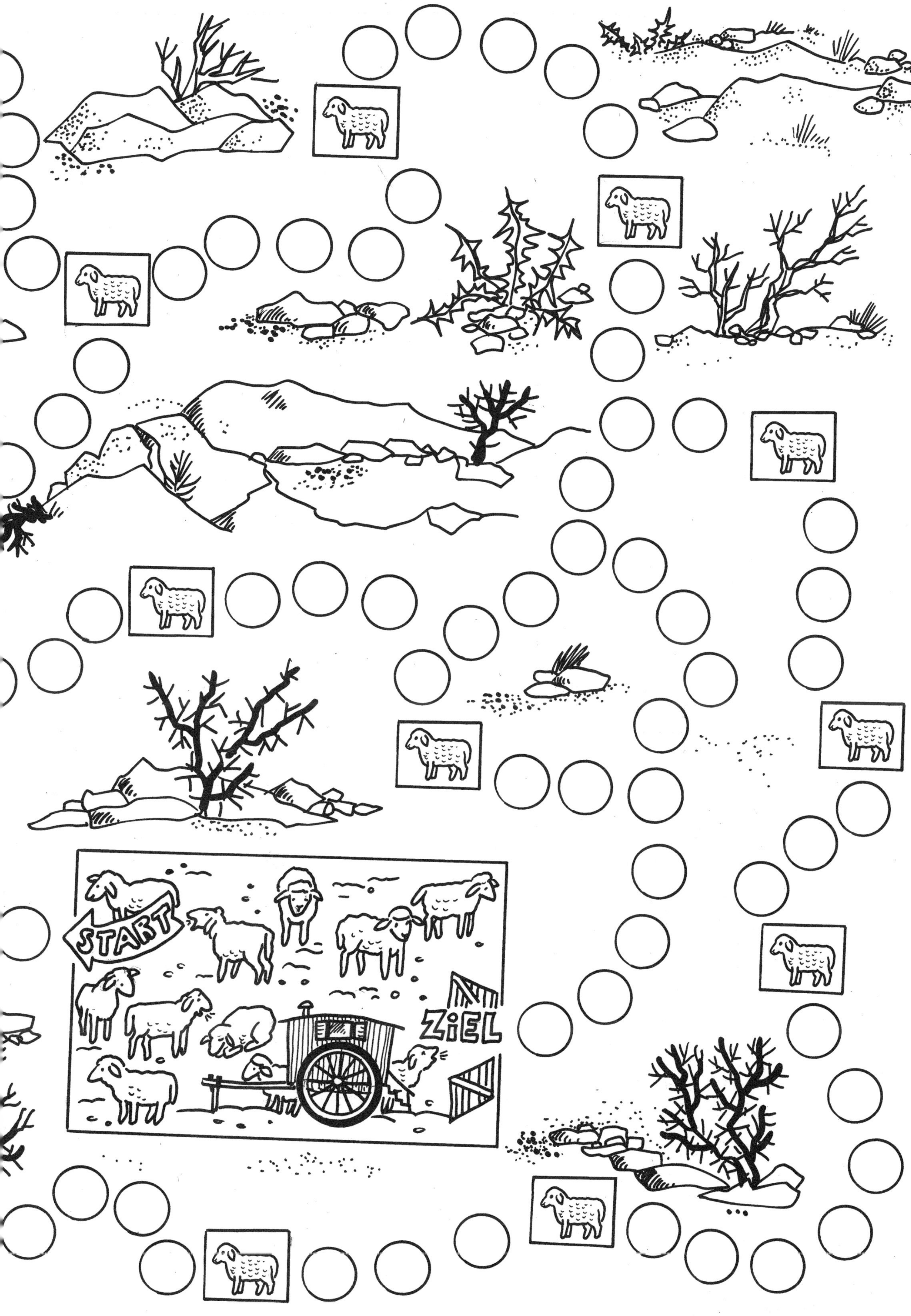
START
ZiEL

Miteinander unter einem Dach

■ *Spielbeschreibung:*

Die Spieler besuchen verschiedene Hausbewohner und sammeln dabei »Fotos« der jeweiligen Zimmer (Puzzleteile).

■ *Spielerzahl:* 4–6 Personen je Brettspiel

■ *Alter:* 4–8 Jahre

■ *Spieldauer:* 5–10 Minuten

■ *Spielregel:*

Jeder Spieler/jede Spielerin stellt seine/ihre Spielfigur auf den Ausgangspunkt. Wer an der Reihe ist, würfelt und stellt seine/ihre Spielfigur auf das entsprechende Feld. Es kann in beliebiger Richtung gegangen werden. Kommt ein Spieler/eine Spielerin auf ein markiertes Feld (Namensschild), erhält er/sie ein Puzzleteil mit dem Zimmer des Hauses.
Wer hat als erster/erste alle Hausbewohner unter einem Dach versammelt?

■ *Einsatzmöglichkeit:*

Themen: Freundschaft, Miteinander, Zusammenleben, Familie, Nachbarschaft, Gemeinde

■ *Material:*

Spielvorlage (Kopiervorlage S. 36-37), 6 Spielfiguren, Würfel, 8 Puzzleteile (Kopiervorlage »Haus« auf der rechten Seite) in 6 verschiedenen Farben.

▶ *Hinweis:*

Das Hausbild eignet sich auch hervorragend für »Ich sehe was, was du nicht siehst« (s. S. 52): Bild auf Folie kopieren, bunt anmalen und nach Farben fragen oder Formen raten: »Ich sehe was, was du nicht siehst, und das ist eckig, rund, oval, länglich«...

METALLICA
ROK

Helene Schneider

Silvio P.

Franz Frisch

Roswitha Rex

Miteinander unter einem Dach

Wohngemeinschaft
»Lustiges Trio«

Max und Moritz

Start

Albert Fröhlich

Familie Müller

Würfel und was man damit machen kann

■ *Spielbeschreibung:*

Würfelspiele sind bei Kindern sehr beliebt. Unser Würfel hat statt der Zahlen Fragen oder Bilder, die zum Gespräch in der Gruppe anregen.

■ *Spielerzahl:*

beliebig (je 6 Kinder 1 Würfel)

■ *Alter:*

Alter beliebig (auf altersgemäße Fragen achten!)

■ *Spieldauer:* 5 Minuten

■ *Spielregel:*

Es wird reihum gewürfelt. Wer an der Reihe ist, beantwortet die Frage auf dem Würfel oder erzählt von sich. Mehrere Spielrunden. Wenn ein Spieler/eine Spielerin dieselbe Frage bereits beantwortet hat, darf er/sie nochmals würfeln.

■ *Einsatzmöglichkeit:*

Kennenlernen in der Gruppe: Kindergruppe im Alter von 5–9 Jahren (siehe auch S. 12f.):

— Was isst du am liebsten?
— Was hast du mit dem/der ältesten oder jüngsten Mitspieler/in in der Gruppe gemeinsam?
— Was wünschst du dir zu Weihnachten oder zum Geburtstag?
— Was kannst du überhaupt nicht leiden?
— Joker: Du bekommst ein Bonbon!
— Was machst du nach dem Kindergarten/nach der Schule am liebsten?

Stimmungswürfel (wahlweise auch mit Bildern, Kopiervorlage siehe rechte Seite):

— Ich könnte mich kringeln vor Lachen, wenn ich daran denke ...
— Manchmal mache ich mir Sorgen über ...
— Ich ärgere mich über ...
— Zum Heulen zumute ist mir, wenn ...
— Richtig gut aufgelegt bin ich, wenn ...
— Ich finde es toll, dass ...

Würfel können auch als Gesprächswürfel eingesetzt werden. Sie erleichtern auf spielerische Weise ein Gespräch in der Gruppe. Dafür zwei Beispiele:

Einstieg ins Thema oder in eine biblische Geschichte:

Angst und Vertrauen (Geschichte von der Sturmstillung, Markus 4) bei den Großen (11–13 Jahre):

— Manchmal glaube ich, dass Gott ...
—»Fürchte dich nicht!«, dazu fällt mir ein ...
— Ich kriege Angst, wenn ...
— Es macht mir Mut, wenn ...
— Ein Mensch, auf den ich mich verlassen kann ...
— Ein Freund/eine Freundin ist jemand, der/die ...

Gespräch über die Geschichte:

Josefs Träume, Verkauf Josefs nach Ägypten (1 Mose/Genesis 37) bei den Großen (11–13 Jahre):

— Gibt es etwas, worum dich deine Geschwister oder Freunde beneiden?
— Findest du es richtig, wie Jakob sich Josef und seinen anderen Söhnen gegenüber verhält? Warum (nicht)?
— In welcher Person der Geschichte erkennst du dich wieder? Warum?
— Einer der Sklavenhändler fragt Josef, warum er verkauft wurde. Josef erzählt: ...
— Würdest du Josef gern zum Freund haben? Warum (nicht)?
— In welchen Situationen bist du auf andere eifersüchtig?

Zu beachten ist: Die Fragen sollen ein Gespräch eröffnen und nicht etwa »Lernstoff« abfragen. Reine »Wissensfragen« werden zudem spätestens beim zweiten Vorkommen langweilig.

■ *Material:*

Fester, für Kopierer geeigneter Tonkarton, Klebstoff, Stift, Schere

Ha ha ha
seufz
knurr
heul
pfeifen
juhu

Auf der Suche nach dem Nikolaus

■ *Spielbeschreibung:*

Die Spieler spielen Memory am Overheadprojektor.

■ *Spielerzahl:*

4–6 Spieler oder Spielteams

■ *Alter:* 4–12 Jahre

■ *Spieldauer:* 5–10 Minuten

■ *Spielregel:*

Ein Spieler benennt 2 Kärtchen, die der Spielleiter aufdecken soll (z.B. »A 2 und C 5«). Sind es zwei verschiedene Motive, werden die Kärtchen wieder zugedeckt und der nächste Spieler ist an der Reihe. Bei gleichem Motiv darf der Spieler die Kärtchen behalten und kommt nochmals dran. Gewonnen hat, wer am Ende die meisten Kärtchen gesammelt hat.

■ *Einsatzmöglichkeit:*

Mit Nikolaus verbinden viele Kinder nur noch einen (kommerzialisierten) Festtag, an dem es Süßigkeiten gibt und verkleidete Nikoläuse in den Kaufhäusern auftreten. Ein Memory zu Nikolaus kann diese Erwartungen aufgreifen und gleichzeitig Motive zum historischen Nikolaus aufnehmen. Dieses Memory bietet sich gut als Einstieg und zur Vorbereitung der Geschichte von Bischof Nikolaus und dem Getreideschiff an. (Abdruck der Geschichte z.B. in: A. Grüßhaber/Gerhard Martin [Hg.], »Willkommen in unserer Kirche; Handbuch für Gottesdienste mit Kleinkindern von 0–4 Jahren«, Verlag Junge Gemeinde, Leinfelden-Echterdingen 1995; S. 124f.)

Motive:

konventionell:
Sack, Stiefel, Apfel, Nuss, Schokoladen-Nikolaus, Lebkuchen

historisch:
Bischofsmütze, Geldmünze, Schiff, Kind, Getreide, Bischofstab

■ *Material:*

Vorlage für das Memory auf OH-Folie kopieren (siehe rechte Seite), Kärtchen zum Abdecken (am Besten mit Lasche zum leichteren Anfassen!), Overheadprojektor

■ *Spielvariante:*

Für geübte Memoryspieler: Jedes Motiv kommt dreimal vor. Es werden also immer drei Kärtchen aufgedeckt. In diesem Fall muss dann auch die Gesamtzahl der Kärtchen erhöht werden.
Die Kopiervorlage ist so gestaltet, dass man die Motive auch auf weißen Tonkarton kopieren kann. Die Karten ausschneiden. Dann kann man das Memory auch zu zweit am Tisch spielen. Wenn die Mitarbeiter/innen den Kindern ein solches Memory für zu Hause gestalten, dann ist das auch eine nette kleine Geschenkidee, z.B. am Nikolaustag.

	A	B	C	D
1	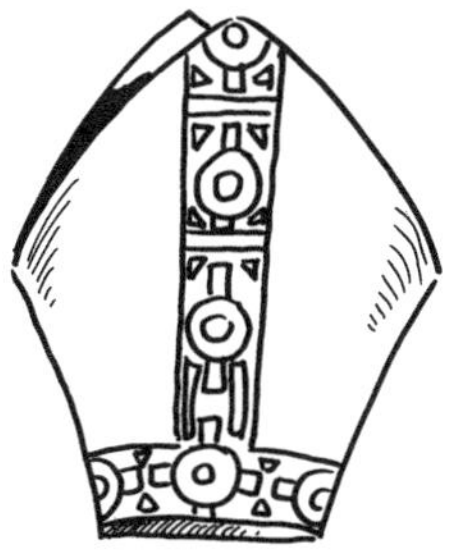			
2				
3		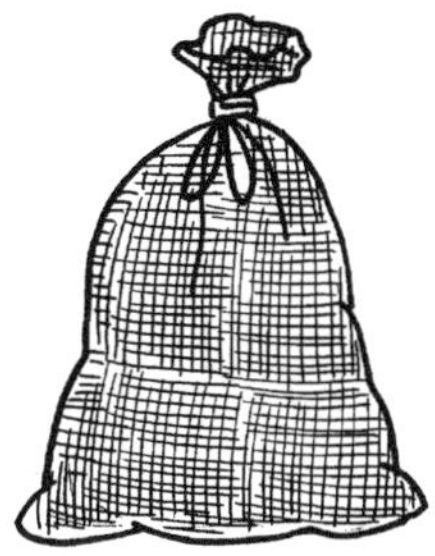		
4		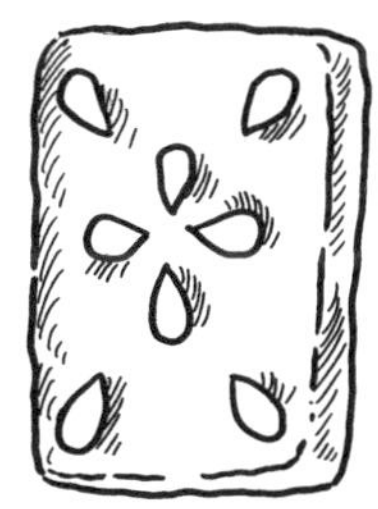		
5				
6				

Quartettspiel – Vier auf einen Streich

■ *Spielbeschreibung:*

Immer 4 Karten bilden eine Serie (Quartett). Die Spieler versuchen durch Fragen oder Tausch, an ein vollständiges Quartett zu gelangen.

■ *Spielerzahl:* 3–5 Personen

■ *Alter:* 6–10 Jahre

■ *Spieldauer:* ca. 10 Minuten

■ *Spielregel:*

Die Karten werden gemischt und gleichmäßig an die Spieler verteilt. Ein Spieler beginnt und fragt einen anderen Mitspieler um eine Karte, die er für sein Quartett benötigt. Hat der Mitspieler die betreffende Karte, muss er sie an den Fragenden abgeben. Es darf solange gefragt werden, bis ein Spieler die gewünschte Karte nicht hat. In diesem Fall darf der Gefragte weitermachen. Wer ein Quartett vollständig beisammen hat, legt die Karten vor sich ab. Sieger ist, wer am Ende die meisten Quartette gesammelt hat.

■ *Einsatzmöglichkeit:*

Ideen für ein Weihnachtsquartett (s. Vorlagen S. 43–45)

1. Advent: Adventskranz mit 1 – 2 – 3 – 4 Kerzen
2. Christbaumschmuck: Strohstern – Glaskugel – Apfel – Goldpapierkette
3. Bräuche: Adventskranz – Adventskalender – Barbarazweig – Christbaum
4. Weihnachtskrippe: Maria und Josef – Jesus – Hirte – Weise
5. 6. Dezember: Stiefel – Sack – Teller – Nikolaus
6. Könige: Caspar – Melchior – Balthasar – 4. König (Legende)
7. Weihnachtswünsche: Fröhliche Weihnachten! – Merry Christmas! (englisch) – Joyeux - Noel! (französisch) – Feliz Navidad (spanisch)
8. Weihnachtslieder: Macht hoch die Tür – Vom Himmel hoch, da komm ich her – Wir sagen euch an den lieben Advent – Seht, die gute Zeit ist nah
9. Weihnachtsgeschenke: Schlitten – CD – Pulli – Buch
10. Gottesdienst: Krippenspiel – Heiliger Abend – Christtag – Dreikönig
11. Weihnachtspost: Brief – Postkarte – Päckchen – E-Mail
12. Weihnachtsgebäck: Lebkuchen – Zimtstern – Anisplätzchen – Ausstecherle

Die Spielidee lässt sich auch auf andere Geschichten übertragen, z.B.:

— Arche-Noah-Quartett: immer zwei Tiere bilden ein Paar
— Schöpfungsquartett: Bäume, Fische, Vögel, Früchte, Himmelskörper, Menschen ...
— Jesus begegnet Menschen: Jesus und ...
  ... Zachäus: Zachäus am Zoll – Zachäus auf dem Baum – Jesus bei Zachäus – Zachäus verschenkt sein Geld
  ... Petrus: Petrus als Fischer – Petrus geht mit Jesus – Petrus verrät Jesus – Petrus lehrt an Pfingsten

■ *Material:*

48 Quartettkarten (s. Kopiervorlagen S. 43, 44 und 45) bzw. Blankokarten

■ *Spielvariante:*

Das Quartett kann auch mit den Kindern gestaltet werden, z.B. mit Kartenmotiven aus einer großen Erzählreihe wie der Josefsgeschichte. Dann können die Kinder die Motive selbst festlegen und die Szenen dafür malen. (Zwei Blankokarten sind S. 45 abgedruckt.)
Ein solches Quartett könnte aber auch über einen größeren Zeitraum entstehen. Bei jeder Reihe entsteht z.B. eine Bildfolge von vier Karten. Nach einem Jahr ist das Quartettspiel dann komplett.

Beispiel für eine Quartettkarte.

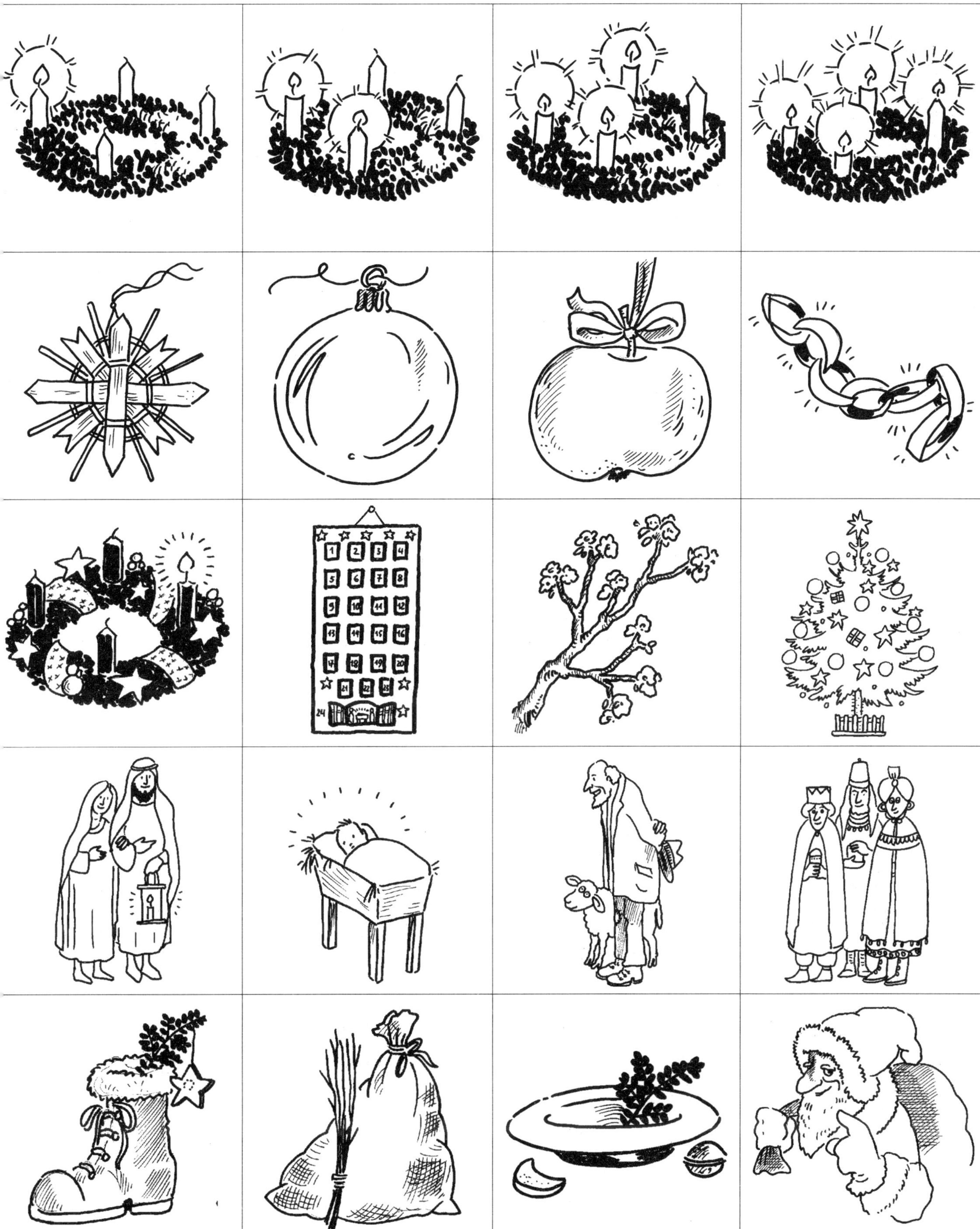

Fröhliche Weihnachten!
MERRY CHRISTMAS!
JOYEUX NOEL!
¡feliz Navidad!
Macht hoch die Tür
Vom Himmel hoch da komm ich her
Wir sagen euch an den lieben Advent
Seht, die gute Zeit ist nah

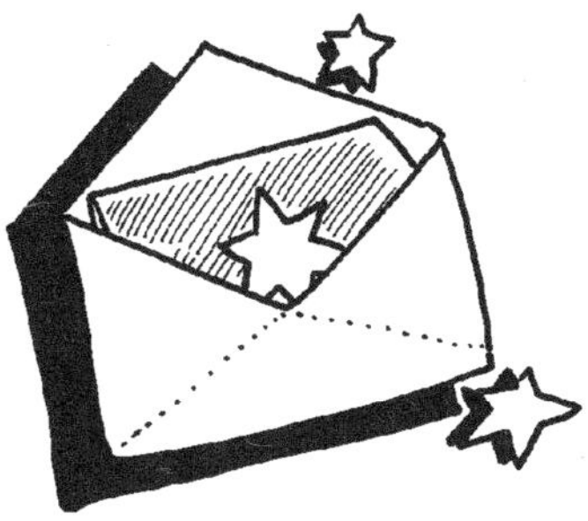

An
Frau Maier
7683 Ypsilonst

e-mail
vom Weihnac
an FamilieN

Domino: Ich-bin-Worte

■ *Spielbeschreibung:*

Die Spieler versuchen, ihre Dominokarten an ein passendes Motiv anzulegen.

■ *Spielerzahl:* 4–6 je Domino

■ *Alter:* 6–10 Jahre

■ *Spieldauer:* 10–15 Minuten

■ *Spielregel:*

Die Dominokarten werden gleichmäßig auf alle Spieler/Spielerinnen verteilt. Ein Spieler/eine Spielerin beginnt und legt eine Karte in die Mitte. Hat der nächste Spieler/die nächste Spielerin eine passende Karte mit einem der abgebildeten Motive, darf er/sie seine/ihre Karte (senkrecht oder waagerecht) anlegen. Kann er/sie das nicht, kommt der/die Nächste dran. Gewonnen hat, wer zuerst alle Dominokarten abgelegt hat.

■ *Einsatzmöglichkeit:*

Ich-bin-Worte, Jesusgeschichten

■ *Material:*

49 Dominokarten mit 7x7 Motiven (Kopiervorlagen S. 47, 48 und 49; beim Kopieren auf 141% vergrößern)

- Brot des Lebens (1) (Johannes 6, 35)
- Licht der Welt (2) (Johannes 8, 12)
- Tür (3) (Johannes 10, 7.9)
- Guter Hirte (4) (Johannes 10, 11.14)
- Auferstehung und Leben (5) (Johannes 11, 25)
- Weg, Wahrheit, Leben (6) (Johannes 14, 6)
- Weinstock (7) (Johannes 15, 5)

■ *Spielvariante:*

Zu Beginn wird nur etwa die Hälfte aller Karten unter die Spieler verteilt. Die anderen Karten kommen auf einen Stapel. Ist ein Spieler(in) an der Reihe und kann keine Karte ablegen, muss er/sie eine weitere Karte vom Stapel nehmen.

Für ein Dominospiel bieten sich auch folgende Motive oder Themen an:

- Kirche:
  Kreuz, Bibel, Kerze, Altar, Kanzel, Orgel, Kirchenfenster ...
- Weihnachten:
  Christbaum, Stern, Geschenk, Kerze, ...

Am besten werden die Motive und Themen mit den Kindern gemeinsam ausgedacht und gebastelt! Dabei gibt es zwei Möglichkeiten:

1) Identische Motive:
   Eine Vorlage für die Kärtchen erstellen, kopieren und bunt anmalen.
   Kärtchen ausschneiden.
2) Ähnliche Motive:
   Zugeschnittene Blanko-Kärtchen unter die Kinder verteilen. Jedes Kind malt ein bestimmtes Motiv (Stern, Kerze ...). So entsteht ein gemeinsames Kinderkirch-Kindergruppen-Domino.

▶ *Hinweis:*

Wichtig: Auf die richtige Verteilung der Motive achten! Jedes Bild muss mit allen anderen kombiniert werden können. Ein Beispiel:

Bei 3 Bildmotiven = 3 x 3 = 9 Kärtchen:

1) Stern – Stern
   Stern – Kerze
   Stern – Kugel
2) Kerze – Kerze
   Kerze – Stern
   Kerze – Kugel
3) Kugel – Kugel
   Kugel – Stern
   Kugel – Kerze

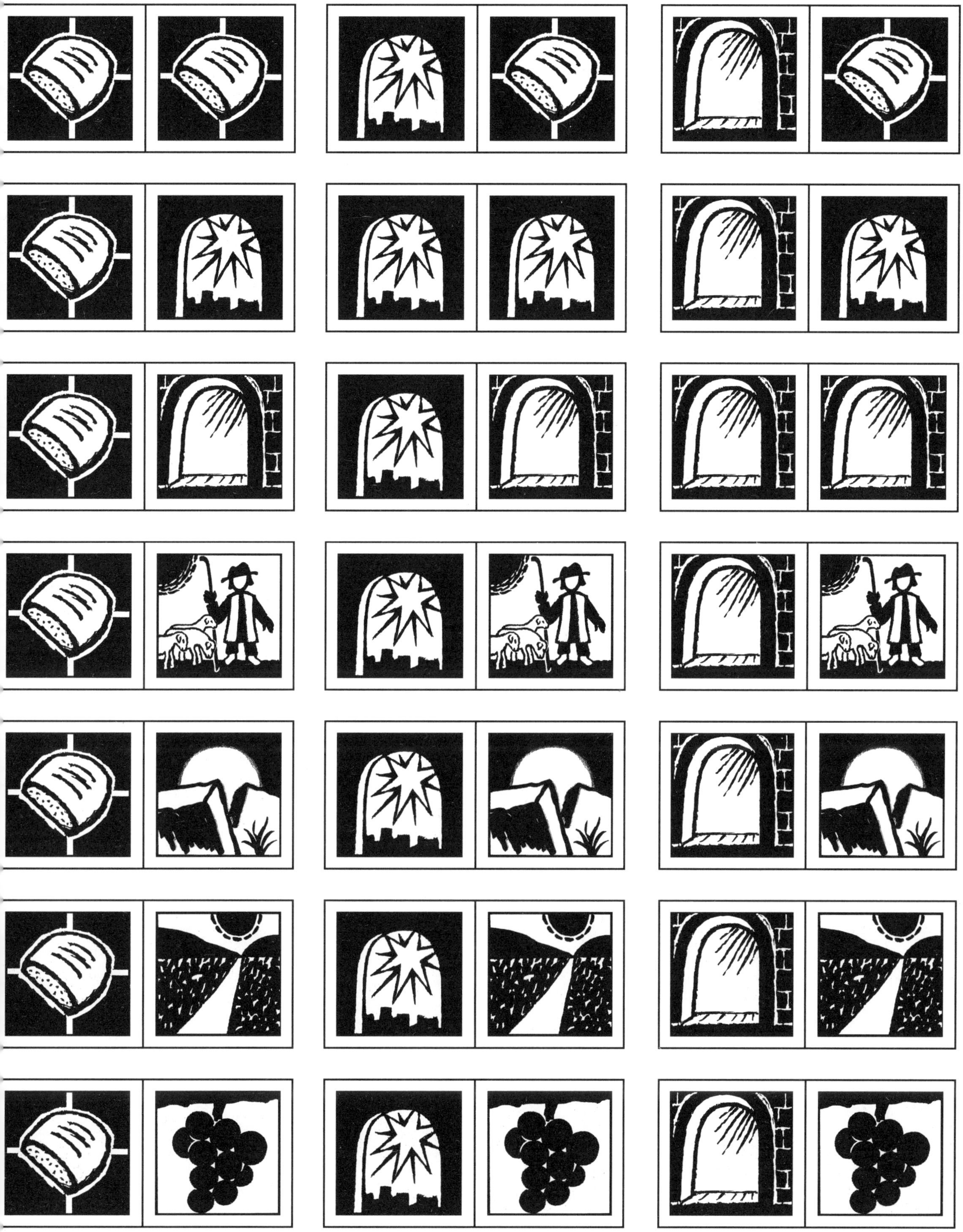

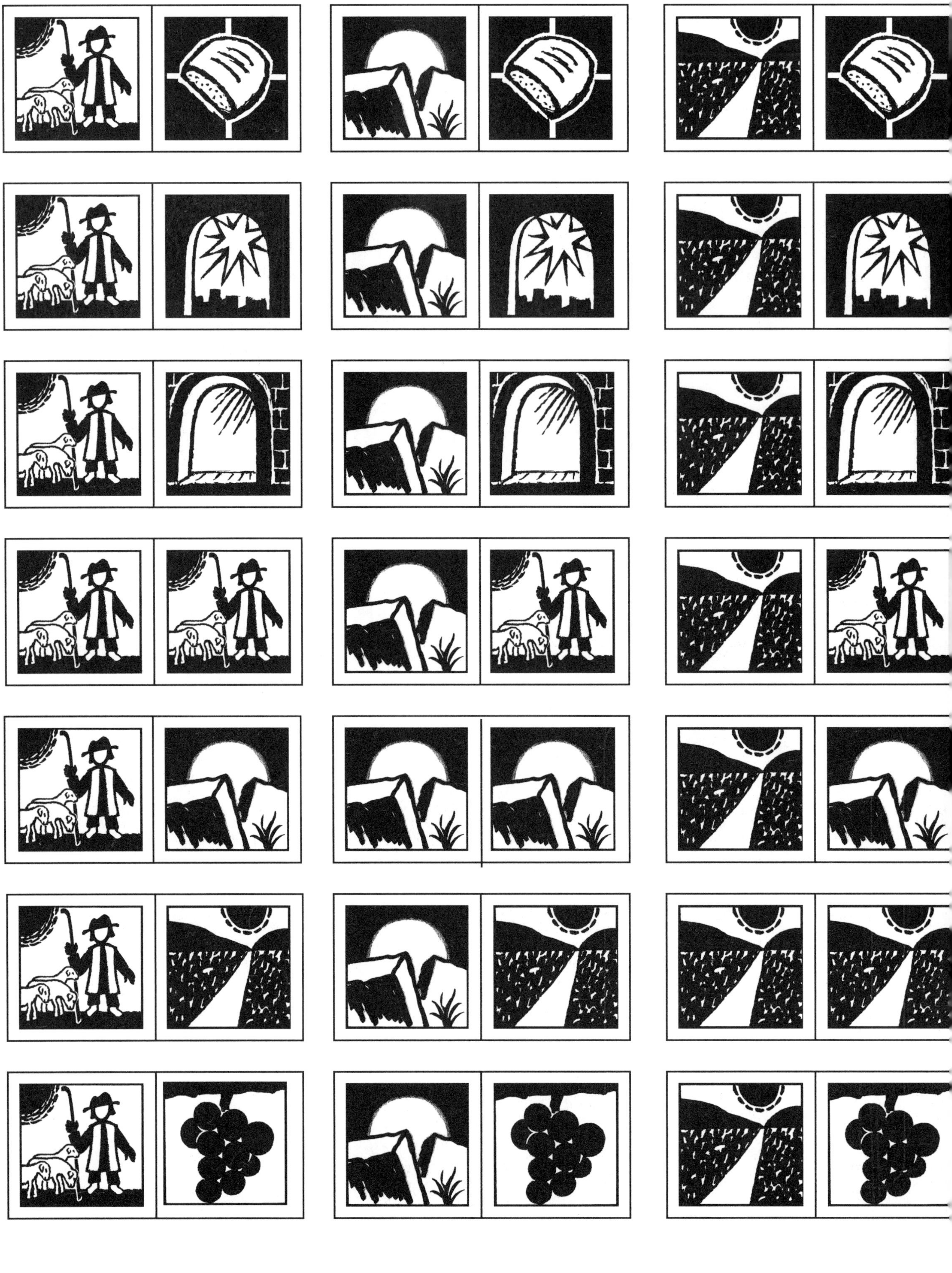

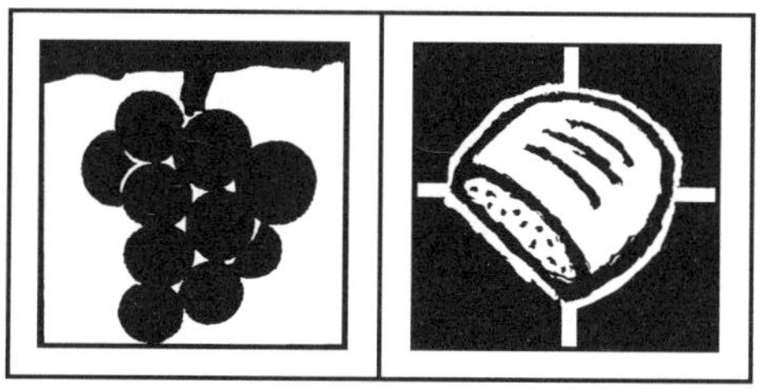

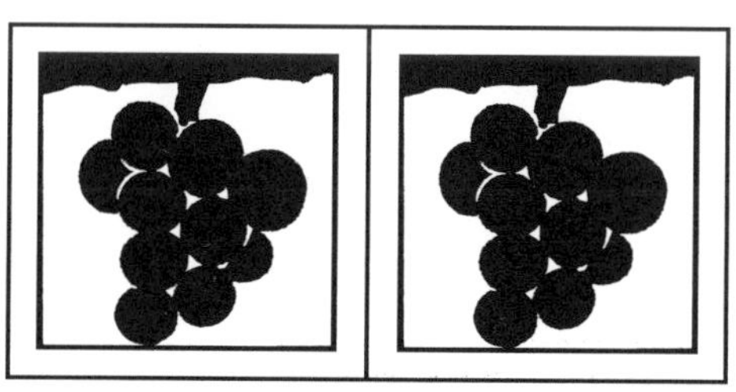

Einfach dufte! Duftmemory zu Weihnachten

■ *Spielbeschreibung:*

Die Spieler erraten verschiedene Düfte, die in der Weihnachtszeit eine Rolle spielen.
Hinweis: Mehr als 10 verschiedene Düfte schaffen nur geübte Schnuppernasen!

■ *Spielerzahl:* 6–8 pro Duftmemory

■ *Alter:* ab 8 Jahre

■ *Spieldauer:* 5–10 Minuten

■ *Spielregel:*

Alle versuchen, die verschiedenen Düfte in den Döschen zu erschnuppern. Es empfiehlt sich, die Döschen mit Zahlen zu kennzeichnen, dann können alle gleichzeitig an verschiedenen Döschen schnuppern und raten.

■ *Einsatzmöglichkeit:*

Einstimmung in die Advents- und Weihnachtszeit

■ *Material:*

a) Duftmemory:
Schwarze Filmdöschen aus Plastik (gibt's kostenlos in vielen Fotogeschäften), den Deckel mit genügend Löchern versehen (mit Sticknadel durchstechen)

b) Zum Befüllen:
»Weihnachtliche Düfte«, z.B. Zimtstangen, Gewürznelken, Tannennadeln, Apfelstückchen, Orangenschnitz, Zitronenscheibe, Stück einer Bienenwachskerze, Marzipan, Honiglebkuchen, Citronat, Anis

Man kann auch z.B. Wattebausch mit Duftaroma (Duftöle aus der Apotheke/Drogerie) verwenden.

Evtl. für jeden Mitspieler/jede Mitspielerin ein vorbereitetes Lösungsblatt zum Eintragen (Tabelle mit Nummern).

Haste Töne?! – Geräusche raten

■ *Spielbeschreibung:*
Die Spieler hören Geräusche auf Kassette und versuchen, die Geräusche zu erraten.

■ *Spielerzahl:* beliebig

■ *Alter:* 10–12 Jahre

■ *Spieldauer:* 5–10 Minuten

■ *Spielregel:*
Mit einem Kassettenrekorder werden zuvor aufgenommene Geräusche abgespielt (etwa 5-10 Sekunden). Die Spieler versuchen, die Geräusche zu erkennen und zuzuordnen. Je ungewöhnlicher die Geräusche, desto kniffliger! Bei sehr schwer zu erratenden Geräuschen kann der/die Spielleiter/in eine kleine Hilfestellung geben: (z.B. »Gesucht ist ein kirchliches Fest ...« , wenn zu hören ist, wie Sternsinger mit Kreide ihren Segenswunsch an eine Tür schreiben).

■ *Einsatzmöglichkeit:*
Um Bereiche des Gemeindelebens kennenzulernen:

— Geld in Opferbüchse klingen lassen
— Wasser in Taufbecken gießen
— Streichholz anzünden
— Gesangbuch aufschlagen
— Gemeindehaustür aufschließen
— Kirchentür öffnen
— Blumen in Blumenvase stecken (Messnerin)
— Mantel an Garderobe hängen
— mit Taktstock ans Notenpult schlagen (Kirchenchor)
— mit der Schere etwas ausschneiden (Bastelgruppe)
— Luftballon aufblasen (Jungschar) usw.

Beim Thema »Schöpfung« mit Geräuschen aus der Natur:

— Zirpen von Grillen
— Quaken der Frösche
— Plätschern eines Baches
— Ruf eines Kuckucks
— Quieken eines Schweins
— Krähen eines Hahns, usw.

■ *Material:*
Kassettenrekorder mit zuvor bespielter Kassette. Damit die Geräusche gut hörbar sind, sollte bei der Aufnahme ein Mikrophon an den Kassettenrekorder angeschlossen werden können. Für die Aufnahme der Geräusche braucht man einige Zeit! Am Besten einen Nachmittag gemeinsam auf Tour gehen!

■ *Spielvariante:*
Statt Geräusche können auch Lieder geraten werden: Es werden je nach Schwierigkeitsgrad 3-5 Töne eines Liedes (nicht die Liedanfänge!) auf Kassette aufgenommen und abgespielt.

Ich sehe was, was du nicht siehst – Passion

■ *Spielbeschreibung:*

Die Spieler betrachten gemeinsam ein Bild und versuchen, Details des Bildes zu erfassen.
Das Spiel fördert die Konzentration und ermöglicht die intensive Wahrnehmung eines Bildes.

■ *Spielerzahl:* 5–15 Personen

■ *Alter:* 4–8 Jahre

■ *Spieldauer:* 5–10 Minuten

■ *Spielregel:*

Ein Spieler/eine Spielerin beginnt und sucht sich auf dem Bild ein bestimmtes Detail aus: »Ich sehe was, was du nicht siehst, und das ist blau« (Farbe benennen). Die anderen Mitspieler und Mitspielerinnen versuchen zu erraten, was er/sie beschreibt. Wer die richtige Antwort nennt, darf weitermachen.

■ *Einsatzmöglichkeit:*

Einstimmung auf ein Thema/eine Geschichte, z.B. mit Bildern aus der Kinderbibel von Wilfried Pioch und den Bildern von Eva Bruchmann »Die neue Kinderbibel. Mit Kindern von Gott reden«, Agentur des Rauhen Hauses, Hamburg, und Echter Verlag, Würzburg:

— Mose im Körbchen (S. 45)
— Weihnachten (S. 85)
— Zachäus (S. 110)
— Einzug in Jerusalem (Titelbild)
— Gethsemane (S. 135)
— Verleugnung des Petrus (S. 137)

■ *Material:*

Overheadprojektor mit Bildfolie.
Das ausgewählte Bild sollte bunt sein und viele Details enthalten, damit es auch etwas zu raten gibt!

Bildbeispiel: Einzug in Jerusalem. Illustration: Eva Bruchmann

Bildbeispiel: Gethsemane. Illustration: Eva Bruchmann

Beide Bilder aus: Wilfried Pioch »Die neue Kinderbibel. Mit Kindern von Gott reden«, mit Illustrationen von Eva Bruchmann.

Fühl mal! – Fühlkiste zu Erntedank

■ *Spielbeschreibung:*
Die Kinder ertasten in einer abgedeckten Fühlkiste verschiedene Früchte und Gemüsesorten.

■ *Spielerzahl:* 4–6 Personen je Kiste

■ *Alter:*
4–10 Jahre (je nach Schwierigkeitsgrad der zu erratenden Gegenstände)

■ *Spieldauer:* 5–10 Minuten

■ *Spielregel:*
Reihum darf jedes Kind in die Fühlkiste oder den Fühlsack greifen und raten, was es ertastet. Wenn die Fühlkiste mehrere Löcher hat, können auch zwei Kinder gleichzeitig hineingreifen und gemeinsam raten. Nach dem Tasten und Raten wird die betreffende Frucht herausgeholt und in Augenschein genommen.

■ *Einsatzmöglichkeit:*
Einstimmung zu den Themen: »Erntedank«, »Schöpfung«, »Umwelt«

■ *Material:*
Fühlkiste:
Große Pappschachtel (z. B. Schuhkarton, Bananenkiste), in die seitlich ein oder mehrere Löcher zum Hineingreifen geschnitten sind. Die Löcher sind von innen durch ein Tuch abgedeckt, so dass man zwar hineingreifen (und Gegenstände herausholen), nicht aber hinein sehen kann.
Fühlsack:
Jutesack, Kopfkissenbezug mit Reißverschluss o.ä.
Zum Befüllen:
Apfel, Birne, Banane, Pfirsich, Trauben, Kürbis, Kartoffel, Karotte, Paprika, Tomate, Zwiebel, Lauch, Erdnuß, Gurke, Sellerie usw.
Oder:
Sand, Vogelfedern, Linsen, Schälchen mit Wasser, Rosenblätter, Sägemehl, Asche, Gras, Kieselsteine usw. (Dabei kommt es auf die sehr unterschiedliche »Fühlqualität« der Gegenstände an und damit auf die Schulung des »Fingerspitzengefühls«.)

▶ *Tipp:* Wenn man beim Befüllen auf entsprechende Obstsorten achtet (bzw. zusätzlich vorrätig hat), lässt sich anschließend gemeinsam ein Obstsalat herstellen!

■ *Spielvariante:*
Ein Fühlsack lässt sich auch zu vielen anderen Themen zusammenstellen und eignet sich am Ende einer thematischen Reihe auch zur Wiederholung. Wer einen Gegenstand erraten hat, erzählt die dazugehörige Begebenheit. Zum Beispiel bei der Josefsgeschichte:
Weiches Stück Stoff (Kleid Josefs), Pappstern (Traum Josefs), Geldmünzen (Josef als Sklave), Strick (Gefängnis), Schmuckkette (Verwalter Pharaos), Säckchen mit Getreidekörnern (fette/magere Jahre), Becher (Begegnung mit den Brüdern)

Wenn Träume Gestalt annehmen – Schöpferisches zu Fasching

■ *Spielbeschreibung:*

Einmal Prinzessin sein oder Politiker, Astronautin oder ... In der Faschingszeit nehmen solche Träume Gestalt an. Aus Knetmasse formen die Spieler ihre Wunschträume, die anderen versuchen, das Dargestellte zu erraten.

■ *Spielerzahl:* 4–6 Personen

■ *Alter:* 10–12 Jahre

■ *Spieldauer:* 10–15 Minuten

■ *Spielregel:*

Alle Spieler formen aus Knetmasse eine Person, die sie gerne einmal sein möchten. Die anderen versuchen herauszufinden, um welche Person es sich handelt.

■ *Einsatzmöglichkeit:*

Thematische Bezüge: Fasching, Schöpfung

■ *Material:* Knetmasse

▶ *Hinweis:*

Wenn man nur eine Farbe verwendet, kann man die Knetmasse nach dem Spiel zu einer Kugel rollen und für weitere Aktionen in einem luftdichten Behälter über längere Zeit aufbewahren, ohne dass sie hart wird. Mischt man Knetmasse verschiedener Farben, wird diese unansehnlich grau.

Weiche Knetmasse lässt sich preiswert auch selbst aus folgenden Zutaten herstellen (allerdings nicht lange aufbewahren):

400 g Mehl
200 g Salz
2 Esslöffel Alaun (gibt es in der Apotheke)
½ l kochendes Wasser
Lebensmittelfarbe (Drogerie oder Apotheke)

Sonntagsmaler

■ *Spielbeschreibung:*

Ein Spieler malt einen Begriff oder eine Redewendung, die anderen raten.

■ *Spielerzahl:* 6–10 Personen

■ *Alter:*

6–12 Jahre; aber auch Familiengruppen

■ *Spieldauer:* 5–15 Minuten

■ *Spielregel:*

Ein Spieler/eine Spielerin bekommt auf einer Karte einen Begriff gezeigt, den er/sie malen soll.
Die anderen raten durcheinander, entweder in verschiedenen Teams oder jeder/jede für sich. Wer den Begriff erraten hat, bekommt einen Punkt und darf den nächsten Begriff malen.

■ *Einsatzmöglichkeit:*

Die Begriffe können völlig frei gewählt oder einem bestimmten Oberthema zugeordnet sein.

z.B. Fasching: verkleiden, Karneval, Umzug, Prinzessin, Cowboy, Zauberer, Rosenmontag, Aschermittwoch, Kehraus, Luftschlange, Konfetti

z.B. Pfingsten: Heiliger Geist, Taube, Mut, Begeisterung, Jünger, Predigt, Petrus, Taufe, Kirche, Evangelium

■ *Material:*

Overheadprojektor, abwaschbarer Folienstift, mehrere Folien, vorbereitete Karten mit Begriffen

■ *Spielvariante:*

Statt zu malen, kann man die gesuchten Begriffe auch aus Papier reißen und auf den Overheadprojektor legen. Dies erfordert mehr Zeit und größere Geschicklichkeit, verringert dafür das Tempo und die damit verbundene Unruhe des Spiels.
Statt auf Overheadprojektor kann man auch mit einem Flipchart arbeiten oder Plakate anderweitig an einer Wand befestigen. Statt Folienstiften braucht man dann dickere Edding-Stifte.

Auf die Punkte, fertig, los!

■ *Spielbeschreibung:*

3–4 Spielgruppen (à 4–5 Personen) versuchen, durch die richtige Beantwortung von Fragen möglichst viele Punkte zu sammeln. Die Spielidee wurde dem Fernsehquiz »Der große Preis« nachempfunden. Wissensfragen unterschiedlicher Schwierigkeit, Scherz- und Schätzfragen sowie Joker (Punktgutschrift) tragen dazu bei, dass auch jüngere Spieler eine Chance haben. Dennoch ist auf ausgewogene Zusammensetzung der Teams zu achten. Die Spieler/Spielerinnen eines Teams beantworten die Fragen reihum.

■ *Spielerzahl:*

für größere Gruppen, 3–4 Spielteams mit max. 5 Personen

■ *Alter:*

ab 10 Jahre (Schwierigkeitsgrad der Fragen je nach Alter) oder für Familiennachmittage

■ *Spieldauer:* 20–30 Minuten

■ *Spielregel:*

Der jüngste Spieler/die jüngste Spielerin beginnt und wählt eine Frage aus der Spielwand aus (z.B. »Sternwarte 40«). Der Spielleiter/die Spielleiterin liest die Frage vor. Wird die Frage richtig beantwortet, wird die entsprechende Punktzahl dem Konto des Teams gutgeschrieben. Dann ist die nächste Spielgruppe an der Reihe.
Risikofragen richten sich grundsätzlich an alle Spielgruppen. Jedes Team kann frei den Punkteeinsatz bestimmen (maximal: Gesamtpunktestand auf dem Konto). Im Falle des Gewinns wird der Einsatz verdoppelt, im Falle einer falschen Antwort geht der Einsatz verloren. Wer der richtigen Antwort am nächsten kommt, erhält die Punktzahl gutgeschrieben und darf weitermachen.
Bei einem Joker wird die Punktezahl gutgeschrieben, ohne dass eine Frage beantwortet werden muss.
Das Spiel ist zu Ende, wenn alle Fragen ausgewählt und beantwortet sind.
Gewonnen hat, wer am Ende den höchsten Punktestand aufzuweisen hat.

■ *Einsatzmöglichkeit:*

— Adventsnachmittag der Kinderkirche (auch mit Eltern)
— Wiederholung und Vertiefung am Ende einer thematischen Einheit
— besseres Kennenlernen in der Gruppe (Schätzfragen, Beschreibungen, Fantasieaufgaben ...)

■ *Material:*

Overheadprojektor, Folie mit Spielwand, Fragekärtchen, evtl. Punktestandsanzeiger

▶ *Tipp:*

Die Spielwandvorlage (S. 61) wird mit Punktezahlen, aber ohne Rubriken, auf Folie kopiert.
Die einzelnen Rubriken werden mit abwaschbarem Folienstift eingetragen, dann kann die Folie immer wieder neu beschriftet und eingesetzt werden.
Steht kein Overheadprojektor zur Verfügung, malt man die Spielwand auf ein großes Plakat.
Die Fragen werden auf Kärtchen geschrieben und in den einzelnen Rubriken nach Schwierigkeitsgraden geordnet.
Punktestandsanzeiger für die Spieler/Spielerinnen: z.B. »Barometer« mit verschiedenfarbigen Markierungspfeilen, die je nach Punktestand verschoben werden können (doppelseitiges Klebeband auf der Rückseite!).

■ *Spielvariante:*

— Die Spielidee lässt sich auf nahezu alle Themen und Geschichten übertragen.
— Das Fragespiel kann beliebig durch »Showeinlagen« und Darbietungen (Lied vorsingen, Geschichte nachspielen) angereichert werden.

Beispiele:
— Sternenreigen (Spielwandvorlage s. S. 58)
— Auf Josefs Spuren (Spielwandvorlage s. S. 59)
— Biblische Spurensuche (Spielwandvorlage s. S. 60)

Ratespiel Sternenreigen – *Fragen und Lösungen*

Punkte	Sternwarte	Sterngucker	Sternstunden	Stern-TV	Sternenhimmel
10	Welche Rolle spielt der Stern in Matthäus 2? *Zeigt den Weg zum neugeborenen Kind*	Wer kam aus dem Morgenland? *Die 3 Weisen*	Die Weisen kommen nach Israel. Wohin gehen sie zuerst? *Jerusalem/Herodes*	Bei welchem kirchlichen Fest darf der STERN nicht fehlen (nicht Weihnachten)? *O-STERN*	Joker – Joker – Joker Du gewinnst 10 Punkte für deine/n rechte/n Nachbarin/Nachbarn!
20	Was ist der hellste Stern am Himmel? *Sirius*	Wie hieß die Frau von HERR RODES (»Herodes«)? *Frau Rodes*	Wie viele 10-Euro-Scheine passen in der Bibel zwischen Seite 3 und Seite 4? *Keine, weil Vorder- und Rückseite eines Blattes*	In welchem Märchen wird ein Kind zum »barmherzigen Samariter«? *Sterntaler*	Im Worträtsel (siehe S. 62) sind verschiedene Himmelserscheinungen versteckt. Finde 3 davon! *Himmel, Sterne, Wolken, Sonne, Mond*
30	Nenne 3 Sternbilder am Himmel. *Großer Wagen, Kleiner Wagen, Orion*	Wie viele Briefe des Paulus stehen in der Bibel? *13*	Wozu kann man Myrrhe verwenden? (1 Möglichkeit) *Parfüm, Salbe, Gewürz*	Wie heißt die Flagge der USA? *Stars and Stripes*	Risiko – Risiko – Risiko Wie viele Lieder mit »Stern« kann N.N. (aus der Gruppe) in 60 Sekunden nennen?
40	Welches Sternzeichen gilt am 19. Februar? *Wassermann*	Wer zieht durch das Buch der Bücher? *Bücherwurm*	An welchem Tag werden in den Niederlanden in der Weihnachtszeit Geschenke ausgepackt? *am Nikolaustag*	Nenne eine himmlische Süßigkeit. *Mars, Milky Way*	SHOWEINLAGE Singe »Weißt du wieviel Sternlein stehen«. Dafür erhältst du 40 Punkte.
50	Risiko – Risiko – Risiko Wie viele Leute hier in der Gruppe sind im Sternzeichen Krebs geboren?	Ergänze den Lückentext: »Und du ... bist keineswegs die kleinste« *Bethlehem im jüdischen Lande (Matthäus 2,6)*	Was bedeutet das Kürzel C. M. B? *Christus mansionem benedicat = Christus segne dieses Haus; landläufig als Caspar, Melchior und Balthasar gedeutet*	Welcher Dichter heißt nach einer Waffe aus dem Mittelalter? *Christian Morgenstern*	Vor wem verneigen sich 11 Sterne? *Josef*

Auf Josefs Spuren – *Fragen und Lösungen*

Punkte	A	B	C	D
10	Welcher seiner Brüder mag Josef am liebsten? *Benjamin; ebenfalls der Sohn der Rahel*	In welchem Land wohnt Jakob? *Kanaan*	Was tun Josefs Brüder, als Josef zu ihnen auf die Weide kommt? *Sie werfen ihn in einen Brunnen; verkaufen ihn als Sklave.*	Wie erklären Josefs Brüder ihrem Vater das Verschwinden Josefs? *Sie tauchen den zerrissenen Rock Josefs in Tierblut und sagen: Ein wildes Tier habe ihn getötet.*
20	Warum muss Josef Potifars Haus verlassen und kommt ins Gefängnis? *Die Frau des Potifar hat es auf Josef abgesehen und verbreitet falsche Beschuldigungen.*	Einer der Brüder versucht, Josef vor dem Hass der Brüder zu retten. Wer? *Ruben*	Was findet Benjamin in seinem Getreidesack? *Josefs silbernen Becher*	Wie heißt Josefs Mutter? *Rahel*
30	Warum sind Josefs Brüder neidisch auf Josef? *Josef wird vom Vater bevorzugt; er erhält ein kostbares Gewand.*	Josef deutet im Gefängnis die Träume von 2 Gefangenen. Von wem? *Mundschenk und Bäcker des Pharao*	Josefs Brüder verkaufen Josef als Sklave an die Ismaeliter. Was bekommen sie dafür? *20 Silberstücke*	Josef träumt von 11 Sternen. Was bedeutet der Traum? *11 Sterne = seine 11 Brüder verneigen sich vor Josef*
40	Wie heißen Josefs Brüder? Nenne 4 Namen! *Ruben, Dan, Naphtali, Benjamin, Gad, Asser, Simeon*	Josef wird Sklave bei einem Verwalter des Pharao. Wie heißt er? *Potifar*	Josef wird vom Pharao zum zweitwichtigsten Mann in Ägypten ernannt. Er bekommt Geschenke. Welche? Nenne eines davon! *Ring, Gewand, goldene Kette*	Jakob zieht mit seiner ganzen Familie nach Ägypten. Wo lassen sie sich nieder? *Im Land Gosen*
50	Josef versöhnt sich mit seinen Brüdern. Er sagt: »Ihr gedachtet es böse mit mir zu machen, aber …« – Ergänze! *»… Gott gedachte es gut zu machen« (1 Mose/Genesis 50,20)*	Was bedeutet der Name Benjamin? *Sohn des Glücks*	Josefs Brüder müssen bei ihrer Rückkehr von Ägypten einen als Gefangenen zurücklassen. Wer ist es? *Simeon*	Erzähle den Traum des Pharao! *7 fette Kühe, 7 magere Kühe; 7 dicke Ähren, 7 dünne Ähren; sie bedeuten 7 gute und 7 magere Jahre für Ägypten*

Biblische Spurensuche – *Fragen und Lösungen*

Punkte	Tiere	Menschen	Städte	Ereignisse
10	Wie viele Tiere fanden in der Arche Noah Platz? *Von jeder Art ein Paar*	Weil er zu klein ist, um Jesus zu sehen, steigt er auf einen Baum. Wer? *Der Zöllner Zachäus*	Jesus heilt den Sohn eines Hauptmanns in ...? *Kapernaum*	Jemand ist zur Salzsäule erstarrt. Wer war das? *Lots Frau*
20	Weil der Pharao in Ägypten die Israeliten nicht ziehen lassen will, kommen mehrere Tierplagen über Ägypten. Nenne eine davon! *Frösche, Stechmücken, Stechfliegen, Viehpest, Heuschrecken*	Nenne 5 Jünger Jesu mit Namen! *Simon, Andreas, Jakobus, Johannes, Thomas, Judas, Philippus*	Joker – Joker – Joker Du gewinnst 20 Punkte für deine Mannschaft!	Jesus wird gekreuzigt. Am Kreuz ist eine Inschrift angebracht: INRI. Was bedeutet das? *Jesus von Nazaret, König der Juden*
30	Nenne zwei Geschichten, in denen ein/mehrere Fisch(e) vorkommen! *Jona und der Wal, 5 Brote und 2 Fische, wunderbarer Fischzug, Jesus am See Tiberias*	Ein Mensch, dem großes Unglück widerfährt und der trotzdem an Gott festhält. Wer ist es? *Hiob/Job*	Paulus ist mehrfach auf der Flucht. Einmal wird er auf spektakuläre Weise heimlich aus der Stadt befördert. Wo und wie? *Aus Damaskus im Korb über die Stadtmauer*	Ein Paar, das im hohen Alter noch ein Kind bekommt. *Abraham und Sara; Zacharias und Elisabeth*
40	In welcher biblischen Geschichte kommt ein Esel vor? *Jesu Einzug in Jerusalem, Bileam – nicht: Krippe!*	Ein Pharisäer kommt nachts heimlich zu Jesus. Wie lautet sein Name? *Nikodemus*	Städte, die wegen ihrer lockeren Sitten berühmt-berüchtigt sind. *Sodom und Gomorrha*	Zwei Jünger sind unterwegs nach Emmaus. Ein dritter schließt sich ihnen an. Es ist Jesus. Sie erkennen ihn, als ... *... er am Abend mit ihnen das Brot bricht.*
50	Welches Tier bringt dem Propheten Elia zu essen? *Rabe*	»Vom Waisenmädchen zur Königin!« Auf wen passt diese Schlagzeile? *Ester*	Der barmherzige Samariter hilft einem Menschen, der unter die Räuber gefallen ist. Wohin war der Mann unterwegs? *Von Jerusalem nach Jericho*	Aus Wasser wird Wein. Wo und durch wen geschieht das? *Bei der Hochzeit zu Kana durch Jesus*

10	10	10	10	10
20	20	20	20	20
30	30	30	30	30
40	40	40	40	40
50	50	50	50	50

Worträtsel (zum Spiel »Sternenreigen«, 20 Punkte, Spalte »Sternenhimmel«)

E	I	P	Q	E	F	M	D
D	N	O	M	E	S	A	R
K	D	R	X	P	E	R	F
M	I	L	E	M	M	I	H
Z	L	U	I	T	O	Y	X
F	X	I	R	L	S	M	O
R	N	E	K	L	O	W	F
S	U	N	O	M	N	I	R
L	A	J	B	C	N	O	K
I	V	T	Z	P	E	U	T

In diesem Worträtsel sind fünf verschiedene Himmelserscheinungen versteckt (von rechts nach links, von links nach rechts, von oben nach unten und diagonal). Finde 3 Himmelserscheinungen! (Lösungen s.S. 80)

Dingsda

■ *Spielbeschreibung:*
Die Spieler müssen verschiedene Begriffe erklären, dürfen dabei aber bestimmte Wörter nicht verwenden.

■ *Spielerzahl:*
beliebig (bei großer Anzahl Teams bilden)

■ *Alter:* ab 10 Jahre

■ *Spieldauer:* 5–10 Minuten

■ *Spielregel:*
Ein Spieler/eine Spielerin erhält eine Karte mit dem zu erklärenden Begriff und den »verbotenen« Wörtern. Er/sie hat max. 30 Sekunden Zeit, den Begriff zu umschreiben (ohne dabei die Hände einzusetzen!). Das Team, das den gesuchten Begriff als erstes errät, bekommt den Punkt gutgeschrieben. Wird der Begriff nicht erraten, kommt der/die nächste an die Reihe. Nennt der Spieler/die Spielerin eines der verbotenen Wörter oder den gesuchten Begriff selbst, wird der Punkt den anderen Spielteams gutgeschrieben.
Gewonnen hat, wer am Ende die meisten Punkte gesammelt hat.

■ *Einsatzmöglichkeit:*
Das Spiel eignet sich gut als »Lückenfüller«, wenn zum Beispiel die Gruppen für parallele Aktionen (Geschichte erzählen, Basteln) unterschiedlich lange Zeit benötigen.
Es ist sinnvoll, sich nach und nach einen Vorrat an Wortkarten zu vielseitig einsetzbaren Themen zuzulegen, z.B.: Kirche und Gemeinde, Weihnachten, Ostern, biblische Personen, Gleichnisse, Lieder, zu denen kein spezielles Vorwissen nötig ist.
Werden am Ende einer thematischen Einheit gezielte Begriffe gewählt, kann das Spiel auch zur Wiederholung und Vertiefung der Geschichte eingesetzt werden (z.B. Mosegeschichten: Manna, Plagen, Pharao, Dornbusch, Auszug aus Äypten, 10 Gebote, Sinai, Wüste ...)

■ *Material:*
Wortkarten mit den zu erklärenden Begriffen und den verbotenen Wörtern, Stoppuhr

■ *Spielvariante:*
Als Erleichterung kann das Thema der gesuchten Begriffe angegeben werden.
Das Ratespiel lässt sich auf nahezu jedes beliebige Thema übertragen.

Beispiele:

Thema	**zu erklärender Begriff**	**»verbotene Wörter«**
Kirchliche Feste	Christbaum	Baum, Heiligabend, Weihnachten, grün, Tanne
	Krippe	Jesus, Stall, Ochs, Esel, Stroh
	Heiliger Geist	Pfingsten, Taube, Gott, Jesus, Wind
Kirche	Bibel	Buch, Altar, Lesen, Pfarrer/in
	Kerze	Altar, Licht, hell, Streichholz, anzünden, Wachs
	Taufe	Wasser, Taufstein, Baby, Kind
Biblische Personen	Hirte	Schaf, Herde, Tiere, Psalm 23
	Jona	Fisch, Wal, Meer, Wasser
Jesusgeschichten	Zachäus	Jesus, Baum, Zöllner

Buchstabensalat

■ *Spielbeschreibung:*

Auf einer Overheadfolie ist ein Raster von ca. 20 x 20 Kästchen abgebildet. In jedem Kästchen steht ein Buchstabe. Die Spieler/Spielerinnen versuchen, die darin versteckten Wörter zu entdecken.

■ *Spielerzahl:* 2–6 Personen

■ *Alter:* 10–12 Jahre

■ *Spieldauer:* 5–10 Minuten

■ *Spielregel:*

Zunächst wird gesagt, wie viele Wörter im Rätsel versteckt sind (10–15). Dann sind die Spieler/Spielerinnen reihum an der Reihe. Wer einen Begriff entdeckt hat, bekommt einen Punkt gut geschrieben. Dann ist der/die nächste dran. Kann er/sie kein Wort benennen, kommt der/die übernächste dran. Die Wörter können senkrecht und diagonal und vorwärts und rückwärts versteckt sein. Ein Beispiel für diese Rätselform findet sich auf S. 62.

■ *Einsatzmöglichkeit:*

Das Rätsel lässt sich ohne großen Aufwand zu jedem beliebigen Thema erstellen, z.B.

Sankt Martin:
Pferd, Mantel, Teilen, Bettler, kalt, Schwert, Martin, Soldat, Schnee, Nächstenliebe, Not lindern ...

Zachäus:
Menschenmenge, klein, Maulbeerbaum, Jesus, Zöllner, Versöhnung, Freudenmahl, Heil, reich, Sünder, wiedergutmachen ...

Dreikönig:
König, drei, Sternsinger, Caspar, Melchior, Balthasar, Weise, Morgenland, Gold, Weihrauch, Myrrhe, Segenswunsch ...

▶ *Tipp:*

Raster auf Folie kopieren und mit abwaschbarem Folienstift Buchstaben hineinschreiben, dann kann das Raster immer wieder verwendet werden!

■ *Material:*

Buchstabenfolie
(Blanko-Kopiervorlage siehe rechte Seite)
abwaschbarer Folienstift
Overheadprojektor

Mosaiksteinchen

■ *Spielbeschreibung:*
Ein zunächst abgedecktes Bild wird Stück für Stück aufgedeckt. Die Spieler erraten das Bildmotiv (Vorbild ist das Spiel »Dalli – Klick«).

■ *Spielerzahl:* 5–8 Personen

■ *Alter:* ab 6 Jahre

■ *Spieldauer:* 5–10 Minuten

■ *Spielregel:*
Mit einem Overheadprojektor wird ein Bild an die Wand projiziert.
Zu Beginn ist das Bild vollkommen mit (5–10) verschiedenen Papierstreifen verdeckt. Dann wird das Bild Stück für Stück aufgedeckt: ein kleiner Bildausschnitt oben, ein Detail unten ...
Wer als erster/erste das Bildmotiv errät, bekommt einen Punkt. Wer falsch rät, bekommt Punktabzug.

■ *Material:*
Overheadprojektor, Bildfolien, Papierstreifen zum Abdecken

Bildfolien:
Schwarzweiß-Bilder auf Folie kopieren, farbige Bilder mit dem Farbkopierer auf Folie kopieren (Copy-Shop) oder im PC einscannen und mit dem Farbdrucker ausdrucken.

Papierstreifen:
Idealerweise werden die Papierstreifen individuell auf das Einzelbild abgestimmt. Wem dies zu aufwendig ist oder wer das Spiel öfters spontan einsetzen will, sollte sich 3 oder 4 »Standard-Sets« zum Abdecken anfertigen (am Besten mit Lasche zum leichteren Anfassen!): z.B. 8 rechteckige Kärtchen, 10 schmale Streifen, 6 Zackenausschnitte.

Tipp: Die Standard-Sets aus verschiedenfarbigem Papier ausschneiden, dann gibt es kein Durcheinander und mühsames Sortieren entfällt.

▶ *Hinweis:*
Geeignete Bilder finden sich in Kinderbüchern oder Kinderbibeln. Auch die Zeitschrift »Der Jugendfreund«* bietet immer wieder geeignetes Bildmaterial. (Für Kinder, die den Jugendfreund regelmäßig im Kindergottesdienst erhalten, ergibt sich dann zusätzlich ein Wiedererkennungseffekt!)

*Bezugsadresse: Verlag Der Jugendfreund, Postfach 10 03 55, 70747 Leinfelden-Echterdingen

Rucksack packen

■ *Spielbeschreibung:*

Der erste Spieler nennt einen Begriff. Der zweite Spieler wiederholt dieses Wort und fügt ein neues hinzu, usw.

■ *Spielerzahl:* 5–8 Personen

■ *Alter:* ab 6 Jahre

■ *Spieldauer:* 5–10 Minuten

■ *Spielregel:*

Jeder Spieler wiederholt alle zuvor genannten Wörter und fügt dann sein eigenes dazu. Wer nicht mehr alle Wörter benennen kann, scheidet aus oder gibt ein Pfand, das später eingelöst werden muss.

■ *Einsatzmöglichkeit:*

Da für das Spiel keinerlei Vorbereitung erforderlich ist, eignet es sich gut als »Lückenfüller«, wenn zum Beispiel die Gruppen für parallele Aktionen (Geschichte erzählen, Basteln) unterschiedlich lange Zeit benötigen.

■ *Material:* keines

■ *Spielvariante:*

Das Spiel kann auch zur thematischen Wiederholung und Zusammenfassung am Ende einer Geschichte oder Sinneinheit gespielt werden. Dann müssen zu einem Oberthema passende Begriffe gewählt werden, z.B.:

— »**Mose** führt das Volk Israel aus Ägypten und nimmt mit: Fladenbrot, Wasserflasche, Schmuck, Zelt ...«

— »Oma beginnt mit ihren **Vorbereitungen für Weihnachten:** Plätzchen backen, Adventskalender basteln, Briefe schreiben, Adventskranz binden ...«

— »In der **Kirche** gibt es viele besondere Dinge: Orgel, Altar, Kreuz, Taufstein, Liedertafel ...«

— »Beim **Faschingsfest** wird die schönste Verkleidung prämiert. Die Jury berät, wem der Preis zugesprochen wird: Prinzessin, Astronaut, Harry Potter, Clown ...«

Ebenso kann es als *Kennenlernspiel* eingesetzt werden (s. S. 21). Dabei nennt jeder Spieler seinen Namen und eine Eigenschaft: »Ich bin Matthias und esse gerne Pizza. – Matthias isst gerne Pizza; ich bin Alexander und spiele Klavier ...« usw.

Liederkiste

■ *Spielbeschreibung:*

Bekannte Lieder werden fantasievoll umschrieben. Die Spieler müssen den Titel des Liedes erraten.

■ *Spielerzahl:* 5–8 Personen

■ *Alter:*

ab 10–12 Jahre (je nach Schwierigkeitsgrad der Lied-Umschreibungen)

■ *Spieldauer:* 5–10 Minuten

■ *Spielregel:*

Der Spielleiter nennt eine Umschreibung eines Liedes. Wer das Lied zuerst errät, bekommt einen Punkt. Wer am Ende am meisten Punkte hat, hat gewonnen.

■ *Material:*

Kärtchen mit Lied-Umschreibungen aus dem Liederrepertoire der Gruppe, z.B.:

— Farbenfrohes Lied:
Ein bunter Regenbogen (LJ 509/MKL 67/ SL 96)
Schwarze, Weiße, Rote, Gelbe (LJ 606/ MKL 95)
— Geistesblitz:
Mir ist ein Licht aufgegangen (LJ 410)
— Schlafende Welt:
Nun ruhen alle Wälder (LJ 274)
— Berittener Mann:
Sankt Martin, Sankt Martin (LJ 354/MKL 121)
— Friedvolle Abendstunde:
Stille Nacht, heilige Nacht (LJ 46)
— Weltweite Menschenansammlung:
Viele kleine Leute (LJ 620)
— Zähllied:
Weißt du, wieviel Sternlein stehen (LJ 305)
— Verwandter, der aus dem Schlaf geklingelt wird:
Bruder Jakob
— Wiederkehrendes Ereignis:
Alle Jahre wieder
— Hobby einer Berufsgruppe:
Das Wandern ist des Müllers Lust
— Tier auf Brautschau:
Ein Vogel wollte Hochzeit machen
— Kleines Kind auf Abenteuertrip:
Hänschen klein
— Tierischer »Grand Prix«:
Der Kuckuck und der Esel

■ *Spielvariante:*

Das Spiel kann auch spontan in zwei Gruppen gespielt werden. Die Spielteams stellen sich dann abwechselnd Fragen aus ihrem Liederrepertoire, z.B.:

— Gesucht ist ein Lied, in dem das Wort »Brot« vorkommt:
Bewahre uns Gott, behüte uns Gott: »Sei Quelle, sei Brot in Wüstennot ...« (s. LJ 117)
— Gesucht ist ein »Monatslied«:
Wie lieblich ist der Maien, Im Märzen der Bauer

▶ *Hinweis:*

Das Spiel lebt von möglichst fantasievollen Beschreibungen und dem »Um-die-Ecke-Denken« und ist daher für ältere Kinder und Jugendliche reizvoll. Jüngere Kinder sind damit überfordert.

Fata Morgana

?

■ *Spielbeschreibung:*
Verschiedene Gegenstände werden 1–2 Minuten lang gezeigt. Anschließend müssen die Spieler aus dem Gedächtnis möglichst viele der gezeigten Gegenstände nennen (Vorbild ist das aus dem Fernsehen bekannte Spiel »Am laufenden Band«).

■ *Spielerzahl:* 5–10 Personen

■ *Alter:* ab 6 Jahre

■ *Spieldauer:* ca. 5 Minuten

■ *Spielregel:*
Auf einem abgedeckten Tablett liegen 20–30 Gegenstände bereit. Das Tuch wird abgenommen und alle können sich die Gegenstände ansehen. Nach 1–2 Minuten (je nach Anzahl der Gegenstände) werden die Gegenstände wieder verhüllt. Alle notieren sich auf einem Blatt Papier, an welche Gegenstände sie sich erinnern können. Wer bringt die meisten zusammen?
(Kinder, die noch nicht schreiben können, malen die Gegenstände.)

■ *Einsatzmöglichkeit:*
Das Spiel eignet sich gut als Lückenfüller, kann aber auch thematisch eingesetzt werden, z.B.:

— Kirche/Gemeinde:
Gesangbuch, Opferbüchse, Kreuz, Kerze, Bibel, Noten (Kirchenchor), Spielzeug (Mutter-Kind-Gruppe), Schere (Jungschar), Kaffeetasse (Frauenfrühstück) ...

— Berufe:
Kochlöffel (Koch), Backform (Bäcker), Schulheft (Lehrer/in), Spielzeugauto (KFZ-Mechaniker), Blume (Floristin) ...

— Arche Noah:
Kuscheltiere jeder Art

■ *Material:*
Verschiedene Gegenstände (am besten vorbereitet auf einem Tablett oder in einer Kiste), Tuch zum Abdecken

▶ *Hinweis:*
Thematische Zusammenstellungen sind weitaus einfacher zu merken als ein Sammelsurium verschiedenster Gegenstände: Fahrradpumpe, Streichhölzer, Bilderbuch, Lolli, Kaffeelöffel, Handschuh, Armbanduhr, Lippenstift, Büroklammer, Wollknäuel, Gameboy, Spiegel, Luftballon, Bonbon und Handy schaffen nur Geübte!

■ *Spielvariante:*
Der Schwierigkeitsgrad steigert sich, wenn nach dem Verhüllen der Gegenstände unerwartet Zusatzfragen gestellt werden, z.B.:

— Welche Gegenstände waren rot, welche aus Metall?

— Welche Gegenstände passen nicht in die thematische Zusammenstellung?

Geländespiel – Mit Jona auf dem Weg nach Ninive

■ *Spielbeschreibung:*

Die Spielteams sollen als Reporter/Reprterinnen verschiedene Stationen im Leben Jonas näher erforschen. Sie begeben sich auf Spurensuche nach Ninive. Im Verlauf des Spiels schreiben sie eine Reportage über Jona.
Hinweis: Dieses Spiel ist nicht getreu der biblischen Vorlage nachempfunden! Wer mit den – zugegeben – skurrilen Bürgern Ninives Schwierigkeiten hat, sollte diesen Teil abändern.

■ *Spielerzahl:*

4–6 Teams à 3–5 Personen

■ *Alter:* ab 12 Jahren

■ *Spieldauer:*

45–90 Minuten
Wichtig: Treffpunkt zum Spielende vereinbaren: »Auch wenn ihr nicht alles gelöst habt, um ... Uhr treffen wir uns am Gemeindehaus!«

■ *Spielregel:*

Die Spielteams gehen im Abstand von 3 Minuten einen vorgegebenen Weg zu einem abgegrenzten Gebiet (Ninive). Das Gelände muss ausreichend Versteckmöglichkeiten bieten (Spielplatz, Sportplatz, Waldrand). Auf dem Weg müssen die Teams verschiedene Aufgaben lösen. Die Aufgaben sind als Flaschenpost versteckt und nummeriert, damit keine Flasche übersehen wird.

■ *Einsatzmöglichkeit:*

Dieses Spiel eignet sich für einen Kinderkirchnachmittag oder eine Kinderbibelwoche zum Abschluss der Jonageschichte.

■ *Material:*

Flaschen mit Aufgabenzetteln (Aufgaben s. nächste Spalte) in 4–6 unterschiedlichen Farben (für jedes Team eine andere Farbe);
Bastelvorlage »Jona-Schiff« in unterschiedlichen Farben (Kopiervorlage S. 72), Papier und Schreibzeug für jedes Team, kleine Preise.
Benötigt werden ferner 6 Mitarbeiter/innen (5 Bürger Ninives und Jona)

Stationen auf dem Hinweg

1. Aufgabe: Abfahrt mit dem Schiff

Um nach Ninive zu kommen, braucht ihr erst einmal ein Schiff.
Hier ist die Bastelvorlage. Entnehmt die Bastelvorlage (s. S. 72) eurer Farbe und faltet ein Schiff.
Wenn ihr fertig seid, dürft ihr weitergehen.
Legt den Zettel in die Flasche zurück und stellt die Flasche wieder an den Platz.

2. Aufgabe: Auf der Seefahrt

Auf dem Schiff ist es lustig. Ihr singt ein lustiges Seemannslied. Dieses müsst ihr allerdings erst noch erfinden.
Dichtet eine Strophe mit mindestens vier Zeilen, in der folgende Worte vorkommen:
Wellen, Sturm, Rum, Haifisch.
Legt den Zettel in die Flasche zurück und stellt die Flasche wieder an den Platz.

3. Aufgabe: Die Mannschaft

Auf dem Schiff gibt es eine gute Mannschaft. Die wichtigsten Personen sind deshalb die Matrosen.
Sammelt auf eurem weiteren Weg zu jedem Buchstaben des Wortes MATROSE einen Gegenstand, der mit diesem Buchstaben beginnt.
Legt den Zettel in die Flasche zurück und stellt die Flasche wieder an den Platz.

4. Aufgabe: Ankunft in Ninive

Das Schiff ist am Hafen in Ninive angekommen. Dummerweise gibt es kein Tau, um das Schiff festzubinden. Bastelt aus Gräsern ein Tau, das mindestens 50 cm lang ist.
Legt den Zettel in die Flasche zurück und stellt die Flasche wieder an den Platz.

5. Aufgabe: In der Stadt Ninive

Jetzt seid ihr in der Stadt Ninive. Ihr müsst in dieser Stadt fünf Bürger von Ninive finden. Jeder Bürger gibt durch sein Verhalten zu erkennen, welcher Tätigkeit er nachgeht. Wenn ihr das erraten habt, bekommt ihr von jedem Bürger eine wichtige Information über Jona für eure Reportage in der Zeitung. Beim fünften Bürger, den ihr findet, bekommt ihr einen Geheimplan, mit

dem ihr enträtseln könnt, wo ihr Jona persönlich findet.
Legt den Zettel in die Flasche zurück und stellt die Flasche wieder an den Platz.

Begegnung mit den fünf Bürgern Ninives

1. Matrose

Spiel: Er zeigt einen Seemannsknoten, den die Gruppe nachknüpfen soll.
Info: »Ich habe Jona über Bord geworfen.«

2. Geldfälscher

Spiel: Der Geldfälscher rubbelt 10-Cent-Stücke.
Info: »Ich habe nach Jonas Bußpredigt mein ganzes Geld den Armen gespendet.«

3. Sklaventreiber

Spiel: Die Spielteams werden wie Sklaven behandelt, bis sie herausfinden, wen sie vor sich haben.
Info: »Ich habe nach Jonas Predigt einem Sklaven die Freiheit geschenkt.«

4. Meuchelmörder

Spiel: Drei Gegenstände: ein »blutiges« Hemd (Ketchup), ein Messer und ein Geldsack sind in der Nähe versteckt und enttarnen den Menschen.
Info: »Jona hat mich gebeten, ihn umzubringen. Ich habe der Versuchung widerstanden.«

5. Weinpanscher

Spiel: Das Team muss durch Fragen herausbekommen, wer die Person ist. Der Weinpanscher antwortet nur mit Ja oder Nein.
Info: »Ich habe mit Jona Bruderschaft getrunken. Jona hat danach zwei Tage Kopfweh gehabt.«

Beim 5. Bürger, den das Team getroffen hat, bekommt die Gruppe eine Karte, die ihr zeigt, wo Jona zu finden ist: markierter Ortsplan o.ä. mit Hinweis auf Gemeindehaus/Kirche (muss nach örtlichen Gegebenheiten selbst erstellt werden!).

Schaut euch die Karte an und findet heraus, wo Jona ist. Die Zeitung will allerdings von euch einen Zwischenbericht. Schreibt mit den Informationen, die ihr bis jetzt bekommen habt, einen kurzen Artikel über Jona. Der Artikel soll 10–20 Zeilen umfassen.

Am Gemeindehaus/Kirche

Jona wird von der ersten Gruppe feierlich auf ein Denkmal gestellt. Wenn alle Teams eingetroffen sind, lässt sich Jona die Ergebnisse vorführen und prämiert die jeweils beste Gruppe:

1. Der beste Zeitungsartikel
2. Das beste Gedicht
3. Das beste Seil
4. Die originellsten Gegenstände (aus 3. Aufgabe)

Anleitung zum Falten des Jona-Schiffes (Vorlage siehe Seite 72)

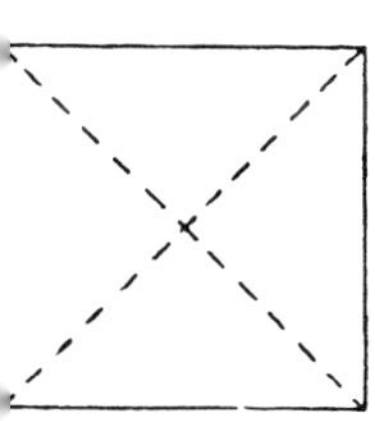

1. Die vorgezeichneten Flächen farbig ausmalen. Das Quadrat abschneiden.

2. Blatt mit dem Bild nach unten legen. Diagonale falten.

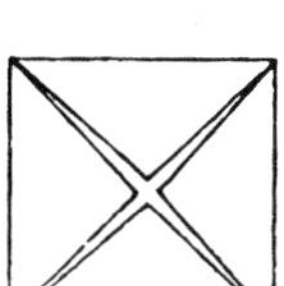

3. Die vier Ecken zur Mitte falten.

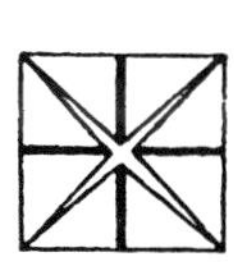

4. Das Quadrat umdrehen und wieder die Ecken zur Mitte falten.

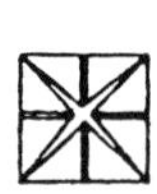

5. Noch einmal das Quadrat umdrehen und die Ecken zur Mitte falten.

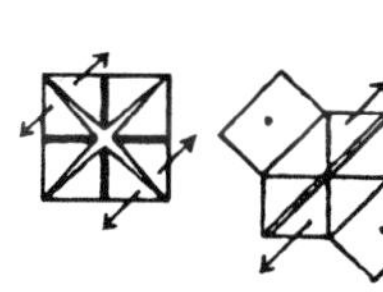

6. Das neue Quadrat umdrehen. Bei den beiden Ecken ohne Schiffsbretter mit den Zeigefingern in den Spalt in der Mitte greifen und die Ecke zu einer rechteckigen Form auseinanderziehen.

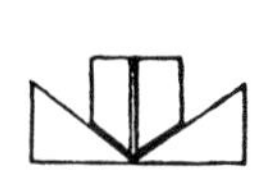

7. Mit den Zeigefingern in die beiden anderen Spitzen greifen und auseinanderziehen.

Das Jona-Schiff (Faltanleitung siehe Seite 71 – Kopierte Vorlage hier abschneiden.)

So sieht das fertig gefaltete Schiff aus ▶

Suchspiel – Sag mir, wo die Blumen sind!

■ *Spielbeschreibung:*

Die Spieler suchen im Raum versteckte Papierblumen und ordnen sie zu einem bunten Strauß zusammen.

■ *Spielerzahl:*

Mehrere Teams mit 6–8 Spielern

■ *Alter:* 4–10 Jahre

■ *Spieldauer:* 5–10 Minuten

■ *Spielregel:*

Im Raum sind überall Papierblumen versteckt (ungefähr 10–20 Blumen je Team). In einer vorgegebenen Zeit suchen die Spieler möglichst viele Blumen zusammen. Ist die Zeit um, versehen sie die gesammelten Blumen mit Blumenstielen und stellen sie in ihre Blumenvase.

■ *Einsatzmöglichkeit:*

Ostern, Schöpfung, Frühling
Freundschaft, Freude, Muttertag (Blumen hinterher mitnehmen und verschenken!)

■ *Material:*

vorbereitete Papierblumen in verschiedenen Farben (10–20 je Team),
für jedes Team ein Glas als Blumenvase,
Schaschlikspieße oder Blumendraht als Blumenstiel, Klebstoff.

Anleitung für einfache Papierblumen:

Faltblume:
Quadrat ca. 15x15 cm dreimal hintereinander zum Dreieck falten.
An der Spitze festhalten und offene Seite bogenförmig abschneiden. Papier auseinanderfalten (siehe Zeichnung unten).

Sternblume:
Streifen ca. 20x10 cm (1/3 DIN A 4) zu einer Ziehharmonika falten. Gefalteten Streifen in der Mitte mit Band zusammenknoten. Streifen auffächern und die beiden Fächerkanten jeweils zusammenkleben.

■ *Spielvariante:*

— Jedes Team darf nur Blumen einer (oder mehrerer) bestimmten Farbe sammeln.
— Je nach Kirchenjahreszeit können anstelle von Blumen auch Ostereier (Ostern), Tauben (Pfingsten) oder Sterne (Advent) versteckt, an einem Ast aufgehängt und später verschenkt werden.

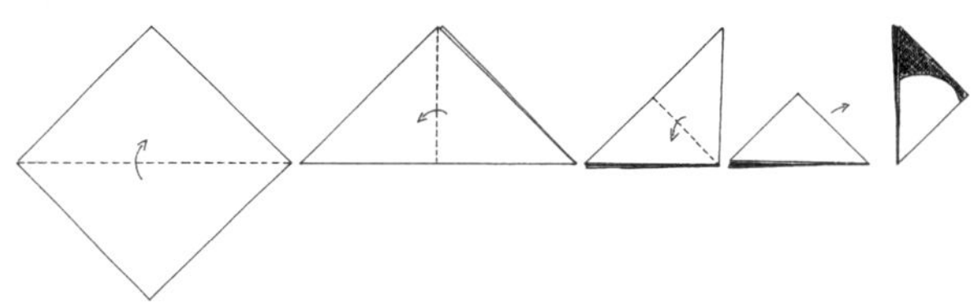

Stadtspiel – Kleinigkeiten ganz groß ...

■ *Spielbeschreibung:*

Die Spielteams tauschen einen kleineren gegen einen größeren Gegenstand ein.

■ *Spielerzahl:*

4–6 Teams à 3–5 Personen

■ *Alter:* 10–12 Jahre

■ *Spieldauer:* 15–30 Minuten

■ *Spielregel:*

Alle Teams erhalten einen kleinen Gegenstand, z.B. einen Knopf. Diesen Gegenstand sollen sie gegen einen größeren Gegenstand eintauschen (Passanten ansprechen, an Haustüre klingeln). Ausschlaggebend ist allein die Größe des Gegenstandes, nicht der Wert. Da die Gegenstände wirklich getauscht und nicht nur verliehen werden, ist auf seiten der Tauschpartner ab einer bestimmten Größe einiges an Einfallsreichtum (oder Großzügigkeit) gefragt. Wer nach einer vorher festgelegten Zeit mit dem größten Gegenstand daherkommt, hat gewonnen.

Beispiel für eine Tauschaktion: Knopf, Bonbon, Tischtennisball, Ei, Kartoffel, Seife, Apfel, Orange, Kürbis, Luftballon, ausgedienter Lampenschirm, Wasserball, Müllsack ...

■ *Einsatzmöglichkeit:*

Dieses Spiel eignet sich für einen Kinderkirchnachmittag unter der Woche oder einen Familiennachmittag am Samstag. Am Sonntagmorgen sollte es nicht gespielt werden, da viele Menschen um diese Zeit noch schlafen und entsprechend unfreundlich reagieren könnten. Es empfiehlt sich, ein den Kindern bekanntes Spielgebiet (Wohnbezirk) auszuwählen und dabei Gefahrenquellen (z.B. belebte Straßen) zu vermeiden! Insgesamt ist es eher für dörfliche Verhältnisse geeignet, in denen man sich noch untereinander kennt und die Kinder mit einem freundlichen Empfang rechnen können. Auch dort sollte es allerdings nicht zu häufig im selben Gebiet gespielt werden!

Thematische Bezüge: Gleichnis vom Senfkorn (Lukas 13), Gleichnis von den anvertrauten Pfunden (Lukas 19)

■ *Material:*

Für jedes Team den gleichen kleinen Gegenstand (z.B. Knopf, Bonbon, Münze)

Turmbau zu Babel

■ *Spielbeschreibung:*

Jede Gruppe erhält ein gleichartiges »Bauset« aus Schachteln, Klopapierrollen, Zeitungen usw. und baut daraus einen Turm.

■ *Spielerzahl:*

3–5 Gruppen à 3–4 Personen

■ *Alter:* ab 8 Jahre

■ *Spieldauer:* 10–15 Minuten

■ *Spielregel:*

Jede Gruppe muss in einer vorgegebenen Zeit aus ihrem Material einen möglichst hohen (stabilen!) Turm bauen. Der höchste Turm gewinnt.

■ *Material:*

»Verpackungsmüll« jeder Art: Schachteln, Wellpappe, Zeitungen, Klopapierrollen, Eierkartons, leere Getränkeschachteln ..., Klebeband.

■ *Spielvariante:*

Man kann auch das fantasievollste Bauwerk prämieren. In diesem Fall muss genügend Zeit zur Ausgestaltung eingeplant werden (mit Papier bekleben, bemalen ...).
Schwieriger zu bewältigen, aber für ältere Kinder sehr reizvoll, sind »kreative Kunstwerke«, z.B. Osterhase, Astronaut ... Diese Kunstwerke sollten dann aber auch einen würdigen Platz finden: Verschönerung des Gruppenraums oder Ausstellung beim Gemeindefest ...

Stadt, Land, Fluss

■ *Spielbeschreibung:*
Die Spieler suchen Wörter zu biblischen Namen und Orten, die mit einem vorgegebenen Buchstaben beginnen.

■ *Spielerzahl:* 3–6 Personen

■ *Alter:* ab 12 Jahre

■ *Spieldauer:* 5–10 Minuten

■ *Spielregel:*
Der Spielleiter gibt den Anfangsbuchstaben für die gesuchten Wörter vor. Die Spieler suchen Wörter zu vorgegebenen Oberbegriffen und schreiben sie in ihren Spielplan (Beispiel siehe rechte Seite oben).
Hat ein Spieler zu allen Begriffen Wörter gefunden, ruft er »Stopp«. Dann darf niemand mehr schreiben. In jedem Fall bricht der Spielleiter nach einer bestimmten Zeit (1–2 Minuten) das Spiel ab.
Dann werden die Punkte gezählt: Für ein Wort, das kein anderer Spieler genannt hat, gibt es 10 Punkte. Hat ein anderer Spieler dasselbe Wort gefunden, gibt es 5 Punkte. Hat nur *ein* Spieler ein Wort zu einem Oberbegriff gefunden, erhält er 15 Punkte. Wer am Ende (nach 5–10 Spieldurchgängen) die meisten Punkte hat, hat gewonnen.

■ *Einsatzmöglichkeit:*
Das Spiel lässt sich auch zu anderen Themen erstellen. Beispiele zeigt die zweite Tabelle auf der rechten Seite.

■ *Material:*
Blanko-Spielpläne (die Oberbegriffe werden von Hand eingetragen)

▶ *Hinweis:*
Das Spiel ist nicht ganz einfach. Bei manchen Anfangsbuchstaben werden sich nicht zu allen Oberbegriffen Wörter finden lassen. Darum ist es sinnvoll, dass der Spielleiter sich selbst mögliche Antworten überlegt und den Anfangsbuchstaben »passend« zum Thema bzw. zu den Oberbegriffen auswählt.
Um auch unbekanntere Begriffe zu entdecken, kann man im Register nachsehen, das in vielen Bibeln zu finden ist, oder in einer sog. Konkordanz. Die meisten Pfarrer/Pfarrerinnen werden eine besitzen.
Einigen muss man sich bei den unterschiedlichen Schreibweisen z.B. der Lutherbibel 84 und der Einheitsübersetzung bzw. Gute Nachricht Bibel.

Thema: Namen und Orte der Bibel – Oberbegriffe mit Beispielen

Stadt	**Land/Landschaft Fluss**	**Person**	**Beruf**	**Tier/ Pflanze**	**Gegenstand**
Athen	Assyrien	Aaron	Arzt	Ameise	Arche
Bethlehem	Babylon	Benjamin	Bäcker	Bär	Beutel
Damaskus	Dan	David	Diakon	Dachs	Drachme
Ephesus	Edom	Elia	Eseltreiber	Esel	Essig
Gerasa	Galatien	Gabriel	Gesetzeslehrer	Granatapfel	Gebetsriemen
Korinth	Kanaan	Kaiphas	Korbmacher	Kamel	Kreuz
Ninive	Nil	Nathanael	Nachtwächter	Nachtigall	Nardenöl
Palmyra	Pamphylien	Paulus	Prophet	Palme	Posaune
Sichem	Syrien	Salomo	Synagogen-vorsteher	Schlange	Stierbild
Zoan	Zypern	Zedekia	Zöllner	Ziege	Zimbel

Weitere Themen – Oberbegriffe mit Beispielen

Singen und Musizieren	Lied *Befiehl du deine Wege*	Instrument *Bratsche*	Kanon *Bruder Jakob*	Komponist *Bach*	Musiker/ Musikgruppe *Beatles*	… … …
Tierwelt	Vogel *Schwalbe*	Fisch *Stör*	Insekt *Schnake*	Haustier *Schäferhund*	Säugetier *Schwein*	Redensart *Langsam wie eine Schnecke*
Freizeit	Spiel *Tamagotchi*	Buch *Tom Sawyer*	Film *Titanic*	TV-Serie *Traumschiff*	Sport *Tennis*	Musik *Tina Turner*

Das verrückte ABC

■ *Spielbeschreibung:*

Die Spielteams suchen Gegenstände (im Raum, im Gebäude, draußen) zu jedem Buchstaben des Alphabets. Gewonnen hat, wer zu jedem Buchstaben etwas gefunden bzw. nach einer vorher festgelegten Zeit die meisten Gegenstände vorweisen kann.

■ *Spielerzahl:*

2–4 Teams à 4–6 Spieler

■ *Alter:* ab 10 Jahre

■ *Spieldauer:* 5–10 Minuten

■ *Spielregel:*

Die beiden Spielteams stehen einander gegenüber. Zwischen ihnen liegen der Reihe nach angeordnet die Buchstabenkarten. Auf Kommando versuchen die Spieler Gegenstände zu finden, die mit dem jeweiligen Buchstaben beginnen (von A: »Armbanduhr« bis Z: »Zündhölzer« sind der Fantasie keine Grenzen gesetzt). Die eine Mannschaft legt ihre gesammelten Gegenstände jeweils oberhalb der Buchstaben ab, die andere unterhalb. Dann gibt es keinen Streit beim Punktezählen.

■ *Einsatzmöglichkeit:*

Das Spiel ist wegen der minimalen Vorbereitung gut als »Lückenfüller« geeignet, bereichert aber genauso einen Kindernachmittag. Da es auf das Zusammenspiel von Fantasie und Schnelligkeit ankommt, kommen alle Kinder zum Zug. Das Spiel fördert so das Miteinander in der Gruppe.

■ *Material:*

Je 2 Teams ein Satz Karten mit den 26 Buchstaben des Alphabets.
(Größe der Buchstabenkarten etwa DIN A 4, damit Gegenstände auf der jeweiligen Karte abgelegt werden können.)

■ *Spielvariante:*

Die Spielidee lässt sich folgendermaßen abwandeln (und erschweren):

▷ Jedes Team hat einen Satz ABC-Karten in unterschiedlichen Farben. Die Karten werden gemischt und mit den Buchstaben nach unten im Raum verteilt. Ein Spieler aus dem Team deckt eine Karte auf; alle Spieler suchen nach einem passenden Gegenstand. Erst wenn dieser gefunden ist oder wenn 1 Minute verstrichen ist, darf die nächste Karte aufgedeckt werden.

▷ Statt Gegenstände müssen passende Namen und Begriffe zu einem bestimmten Oberthema gefunden werden. Ein halbwegs vollständiges ABC zu »Erntedank« oder zur »Josefsgeschichte« zu finden, ist ganz schön knifflig!

So werde ich Spiele-Erfinder/in

Dieses Buch bietet 40 verschiedene Spiele. Sie brauchen aber ausgerechnet das Spiel, das in diesem Buch fehlt? Kein Problem – erfinden Sie es selbst. Selbst ausgedachte Spiele sind oft besser als übernommene, denn: Sie kennen Ihre Kindergruppe und die räumlichen Verhältnisse am besten.
Die folgenden Hinweise sollen Ihnen das Spiele-erfinden etwas erleichtern:

▶ *Denken Sie stets daran: »Einfach spielen!«*

Einfache Spielideen, die zudem leicht und spontan umgesetzt werden können, machen zumeist mehr Spaß als kompliziert angelegte Spiele mit großem Materialaufwand.

▶ *Überlegen Sie genau, was Sie wollen!*

Ein Spiel, das ein bestimmtes Thema aufgreift?
Ein Spiel zum Austoben und Bewegen?
Ein Spiel, um die Zeit auszufüllen?
Ein Spiel ...

▶ *Gehen Sie beim Erfinden vom Thema aus!*

Beispiel: Sie suchen ein Spiel zur Geschichte der Rut (Altes Testament). Motive dieser Geschichte sind u.a. Freundschaft (Rut und ihre Schwiegermutter), Weg (Reise von Moab nach Betlehem), Ährenlesen auf dem Feld (Rut bei Boas). Aus diesen Motiven ergeben sich ohne großen Aufwand folgende Spiele:

Freundschaft

Spiele, die nicht allein, sondern nur zu zweit gespielt werden können:

1) Für Ältere: Unser Gemeinschaftswerk
Zwei Kinder malen ein Bild miteinander, ohne dabei zu reden. (Variante: Einer malt nur Dreiecke, der andere Kreise.) Es lohnt, sich nach dem Malen über die gemachten Erfahrungen auszutauschen!

2) Für Jüngere:
— Memory, Domino, Ratespiele (abwechselnd fragen und antworten)
— Wippen (Spielplatz!); Fangen, Verstecken ...

Weg

»Rut und Noomi haben einen anstrengenden Weg vor sich ...«

Dazu kann man z. B. einen Hindernislauf gestalten: Graben überwinden (über markierten Graben springen), sich bei Anbruch der Dunkelheit zurechtfinden (mit verbundenen Augen Weg ertasten), über Brücke balancieren (Brett über Getränkekisten legen), Berg erklimmen (Bockleiter) ...

Ährenlesen

1. Bewegungs-/Wettspiel: Rut beim Ährenlesen

a) Auf einem großen Haufen liegen »Ähren« (Erbsen, Glassteine o.ä.). Die Spieler stellen sich in 2 Gruppen an der anderen Wand auf. Jede Gruppe bekommt einen Eierbecher (Kaffeelöffel). Dann gibt es einen Staffellauf: Ein Spieler läuft zum Getreidehaufen, füllt seinen Eierbecher (Kaffeelöffel), läuft zurück zur Gruppe, leert die mitgebrachten »Ähren« in einen Behälter und übergibt den Eierbecher dem nächsten Spieler.

b) Die »Ähren« sind im Raum versteckt. Alle suchen.
Wer hat in einer vorgegebenen Zeit am meisten Ähren beisammen?

2. Schätzspiel

In einem Glas sind abgezählte Getreidekörner. Wer schätzt am besten?

3. Ratespiel:

Mehrere Gläser mit verschiedenen Getreidesorten stehen bereit. Wie heißen sie?

Wenn Sie mehr Zeit zur Vorbereitung haben: Sie können natürlich auch ein Würfelspiel mit Ereignisfeldern erfinden oder ein Quartettspiel oder ... Ihrer Fantasie sind keine Grenzen gesetzt!

▶ *Stellen Sie Ihre Spiele unter ein Thema!*

Spiele machen mehr Spaß, wenn sie einem Thema oder Motto zugeordnet sind. So wird aus der einfachsten Spielidee eine spannende Angelegenheit. Mit anderen Worten: Es kommt auch darauf an, wie ich ein Spiel einleite und dazu motiviere.
Beispiel: Ich habe im Kindergottesdienst in meiner Kleingruppe überraschend noch 5 Minuten Zeit, die ich füllen muss. Erzählt wurde gerade die Geschichte, wie Abrahams Knecht Rebekka am Brunnen begegnet (1 Mose/Genesis 24).

Möglichkeit a):
»Ich bin zu früh fertig geworden. Wir machen jetzt ein Spiel, bis die anderen auch soweit sind: Wer kann die Plastikflasche am weitesten auf dem Kopf balancieren?«

Möglichkeit b):
»Abrahams Knecht hat Rebekka am Brunnen getroffen. Wasser holen war damals Aufgabe der Frauen und Mädchen. Rebekka trug ihren Wasserkrug auf der Schulter. Das ist gar nicht so einfach ... mal sehen, wie weit wir mit unserem »Wasserkrug« kommen ...«
In beiden Fällen folgt dasselbe Spiel: leere Plastikflasche auf dem Kopf/der Schulter balancieren

(evtl. als Staffellauf in 2 Mannschaften). Wetten, dass die zweite Variante besser ankommt?

▶ *Lassen Sie Ihrer Fantasie freien Lauf!*

Sie haben Zeitungen zur Hand? Prima! Damit können Sie einen ganzen Nachmittag füllen:

Sie können versuchen, möglichst viele Leute auf einer Zeitung unterzubringen (Platz da!, s. S. 26).
Oder Ball spielen (Zeitung zerknüllen).
Oder die längste Papierschlange reißen.
Oder einen Fächer falten und damit Luftballons von hier nach dort befördern.
Oder den ultimativen Zeitungshut falten und dann damit ein Wurfspiel veranstalten.
Oder Sie rollen die Zeitung zu einer festen Rolle zusammen. Damit haben Sie schon einen Schläger, um mit Luftballons Hockey zu spielen.
Oder die Zeitung mit den Zehen vom Boden aufheben ...
Oder die Zeitung zusammenfalten, beiseite legen und etwas anderes spielen.

▶ *Stellen Sie sich selbst eine »Spielekiste« für Ihre Kindergruppe zusammen!*

Viele Spiele sind geplant, viele aber auch nicht – siehe obiges Beispiel aus dem Kindergottesdienst. Manchmal muss es einfach schnell gehen, sonst ist die Stimmung dahin. Gut, wer für einen solchen Fall auf ein paar Spielrequisiten zurückgreifen kann! Als Grundausstattung empfehle ich:

— Würfel und Spielfiguren (für alle Würfel- und Brettspiele)
— Tücher (zum Augenverbinden)
— Luftballons (für alle Lebenslagen!)
— Bierdeckel (Spielfeldmarkierung, Wurfspiele)
— Zeitungen (Zeitungsspiele jeder Art)
— Plastikflaschen (zum Balancieren, auch als Kreisel zum Flaschendrehen oder als Schläger für Softbälle und Luftballons geeignet)
— einige vorbereitete Puzzles (geeignete Bilder aus dem »Jugendfreund« oder aus Zeitschriften ausschneiden, auf Tonkarton kleben und mit Klebefolie überziehen)
— einige vorbereitete Spiele als »Lückenfüller«: z.B. am Tageslichtprojektor: Memory, Buchstabensalat, Ich sehe was ...

Diese Liste lässt sich natürlich beliebig erweitern: auch Kaffeelöffel, Trinkhalme und Joghurtbecher sind vielseitig einsetzbar.
Wenn Sie dazu noch ausreichend Papier, Stifte, Klebeband, Sicherheitsnadeln, Schnur und eine Schere zur Hand haben, sind Ihrem Spieltrieb fürs erste kaum Grenzen gesetzt.

In diesem Sinne: Auf die Spiele, fertig, los!

E	I	P	Q	E	F	M	D
D	N	O	M	E	S	A	R
K	D	R	X	P	E	R	F
M	I	L	E	M	M	I	H
Z	L	U	I	T	O	Y	X
F	X	I	R	L	S	M	O
R	N	E	K	L	O	W	F
S	U	N	O	M	N	I	R
L	A	J	B	C	N	O	K
I	V	T	Z	P	E	U	T

Lösung des Worträtsels von Seite 62

Die gesuchten 5 Himmelserscheinungen sind: Sterne, Mond, Himmel, Wolken, Sonne